저어새 케이를 찾아서

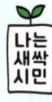 **저어새 케이를 찾아서**

처음 인쇄한 날 2025년 4월 15일 | **처음 펴낸 날** 2025년 4월 30일

글 풀피리 | **그림** 안병현

펴낸이 이은수 | **편집** 박진희, 오지명 | **디자인** DesignPark | **마케팅** 이선경

펴낸곳 초록개구리 | **출판등록** 2004년 11월 22일(제300-2004-217호)

주소 서울시 종로구 비봉2길 32, 3동 101호 | **전화** 02-6385-9930 | **팩스** 0303-3443-9930

인스타그램 instagram.com/greenfrog_pub

제조국 대한민국 | **사용연령** 8세 이상

ISBN 979-11-5782-336-9 74810 | ISBN 979-11-5782-035-1(세트)

> **일러두기**
> 이 동화는 2010년 인천 남동유수지에서 태어난 저어새 K94의 이야기를 동기로 창작되었습니다.
> 저어새 주요 서식 국가에서는 저어새 생태를 연구하기 위해 저어새 다리에 가락지를 부착하는데,
> 가락지에는 K94처럼 알파벳과 숫자로 구성된 식별 기호가 있어 마치 이름처럼 불립니다.

저어새 케이를 찾아서

글 풀피리 · 그림 안병현

초록개구리

차례

01 여행 ～～～～ 9
02 계절 학기 ～～～～ 18
03 수상한 바위 ～～～～ 25
04 이장 아저씨 ～～～～ 31
05 똥섬으로 ～～～～ 35
06 불시착 ～～～～ 43
07 새와 엄마 ～～～～ 49
08 사라진 새 ～～～～ 59
09 가족 곁으로 ～～～～ 68

10	산 넘어 산	75
11	야생 동물 구조 센터	88
12	메모리 카드의 비밀	98
13	탄생	112
14	목소리	119
15	범인은 누구?	129
16	케이를 찾아서	138
17	재회	153

작가의 말 160

01
여행

"오늘 떠날까?"

"비를 만날 수도 있겠는데."

저어새 진진의 물음에 도도가 답했다. 도도는 까맣고 기다란 부리를 물속에 넣고 먹이를 찾으면서도 깃에 전해지는 바람의 방향을 꼼꼼히 살폈다.

낮의 길이가 길어지기 시작했다. 바람의 온기도 달라졌다. 저어새들이 알을 낳고 새끼를 키우기 위해 먼 나라로 이동할 때가 온 것이다. 저어새는 한 해 두 번 긴 여행을 한다. 봄에 한국으로 가는 첫 번째 여행을 하고, 한국에 겨울이 오기 전에 따뜻한 나라로 떠나는 두 번째 여행을 한다.

저어새들은 긴 여행을 준비하기 위해 양어장으로 모여들었다. 사람들이 양어장에 물을 가득 채우기 전에 마지막 남은 물고기를 먹어야 한다. 며칠 동안 날아 여행하려면 몸속에 먹이를 저장해야 하기 때문이다.

"바람이 적당해. 비 걱정에 하루이틀 날짜를 미루다 보면 좋은 둥지 터를 잡기 어려워."

도도의 짝 진진이 말했다.

어른 저어새들은 당장이라도 떠나고 싶었다. 하지만 한번 출발하면 며칠 밤낮으로 쉬지 않고 날아야 한다. 그 때문에 출발 시간을 결정하는 것은 신중해야 했다.

"나는 후발대로 떠날게. 너 먼저 떠나."

벌써 장거리 여행 열두 해째를 맞은 도도가 말했다.

"도도, 올해도 아이들하고 함께 갈 참이야?"

진진이 실망스러운 말투로 말했다.

"부모와 떨어져 여행하는 게 얼마나 두려운 일인지 너도 잘 알잖아. 위험하기도 하고."

"알지. 하지만 아이들도 스스로 경험해야지. 부모도 아닌 네가 왜 그런 책임을 지는데?"

"어렸을 때 나도 누군가의 도움을 받아서 위기를 넘겼잖아. 그런 역할을 하고 싶을 뿐이야."

도도는 한국의 똥섬에서 태어난 저어새다. 그곳에서 느닷없이 부모를 잃고 혼자가 되었다. 그때 도도에게 먹이를 주고, 장거리 여행을 함께해 준 어른 저어새가 있었다. 그것을 잘 아는 진진은 더 이상 도도를 설득할 수 없었다.

"그럼 나도 너와 함께 갈게."

"진진, 고마워. 하지만 진진이 먼저 똥섬에 가서 둥지 자리를 잡고 상황을 알아봐 주면 좋겠어."

"똥섬에 간다고? 너구리한테 그렇게 당하고 또?"

"그러니까 내가 진진한테 부탁하는 거잖아."

"우리 그냥 편안하게 연꽃마을에 둥지를 짓자."

"연꽃마을에는 새들이 너무 많아. 우리까지 그곳에서 경쟁하면서 살 수 없어."

도도가 굳은 의지를 보이자 진진은 더 대꾸할 말이 떠오르지 않았다.

아침노을이 오렌지빛으로 물들었다. 바람의 방향도 남서풍으로 바뀌기 시작했다. 어른 저어새들은 때를 놓치지 않았다. 등을 미는 바람을 기분 좋게 버티고 섰다. 이 바람은 저어새들이 한국으로 날아가는 데 큰 힘이 될 것이다. 고개를 꼿꼿하게 들고 날아갈 방향을 바라보는 저어새들의 일사불란한 모습이 마치 그림처럼 아름다웠다.

"지금이야!"

누군가 외쳤다. 어른 저어새들이 목을 앞으로 쭉 빼고 다리를 뒤로 펴서 수평이 된 몸을 하얀 날개로 높이높이 들어 올렸다. 공기를 가르는 날갯소리가 힘찼다. 도도는 자신도 하늘을 나는 것처럼 가슴이 벅찼다.

어른 저어새 무리가 작은 점이 되어 시야에서 사라지자, 이를 지켜보던 어린 저어새들은 다시 물속에 부리를 넣고 휘젓기 시작했다. 지금 이 순간에 해야 할 일은 오로지 먹는 일뿐이라는 것을 잘 알기 때문이다.

저어새 선발대와 진진이 떠나고 돌풍과 함께 세찬 비가 밤새 이어졌다. 해를 거듭할수록 도도는 날씨를 예측하기 어렵다고 느꼈다. 그래서 더욱 경험 많은 저어새가 어린 저어새들의 여행에 함께할 필요가 있다고 생각했다.

이틀 동안 내리던 비가 그쳤다. 어둠을 뚫고 바다 끝에서 붉은 기운이 퍼지고 있었다.

"우리도 이제 떠나자!"

어린 저어새 하나가 여행에 자신감을 보이며 소리쳤다.

"삐이 삐이 삐이."

여기저기서 힘찬 대답이 들려왔다.

어린 저어새들은 흥분을 감추지 못하고 환호성을 질렀다. 구름이라도 뚫고 올라갈 기세로 날개를 힘차게 움직였다. 도도는 무리에 섞여 조용히 날아올랐다.

도도 발아래로 겨울을 보냈던 양어장의 모습이 한눈에 들어왔다. 흙 칸막이가 쳐져 있는 양어장이 마치 거울처럼 푸른 하늘을 날아가는 도도 일행을 비췄다.

"우리가 먼저 앞서가자!"

무리에는 꼭 성급한 녀석들이 있다. 젊은 혈기로 선두만을 고집하기도 한다. 힘을 잘 분배하지 않고 날다가 금세 지칠 것을 도도는 안다. 하지만 도도는 어린 저어새들이 스스로 터득할 기회를 주고 싶었다.

앞서거니 뒤서거니 날던 저어새들이 갑자기 속도를 늦추었다. 넓이도 깊이도 가늠할 수 없는 짙푸른 바다가 나타난 것이다. 그곳에는 잠시 머무를 섬도, 나무도 보이지 않았다. 어린 저어새들의 수다가 잦아들었다.

"오늘은 바람이 좋아. 바람이 우리를 목적지까지 데려다줄 거야."

도도가 말했다. 도도는 바다 앞에서 바짝 긴장하고 있는 어린 저어새들의 마음을 풀어 주고 싶었다.

"무서워요!"

어린 저어새가 말했다.

"그러니까 우리가 함께 가는 거야. 무서운 것도 힘든 것도 함께하면 이겨 낼 수 있어."

도도가 어린 저어새를 다독였다. 어린 저어새들은 어느새 서로의 간격과 속도를 맞춰 대열을 다듬었다.

반나절을 날자 멀리 육지의 윤곽이 보이기 시작했다. 어린 저어새들은 다시 힘을 냈다.

"쉬려면 아직 멀었어요?"

"아래에 사람들 안 보이니? 사람들이 있다는 건 안전하지 않다는 거야."

조급한 아이의 질문에 누군가 어른스럽게 대답했다.

드디어 중간 쉼터로 자주 이용하던 곳이 나타났다. 갯벌 위에 갈매기들이 점을 찍어 놓은 듯 앉아 있었다. 안전하다는 표시였다. 도도가 하강을 시작하려는 순간, 몇몇 아이들이 다른 방향으로 몰려 날아가는 모습이 눈에 들어왔다.

"돌아와!"

도도가 단호하게 말했지만 이미 멀리 날아간 아이들에게는 전달되지 않은 듯했다.

해안선에 내려선 아이들은 갯골에 남아 있는 물로 뛰어들었다. 첨벙거리며 깃에 물을 적시거나 부리를 물속에 처박고 몸의 열기를 식혔다.

도도는 불안한 마음으로 이탈한 아이들이 날아간 방향을 바라보았다. 주변 경계도 게을리할 수 없었다. 육지와 가까운 곳에서는 저어새를 위협하는 매와 같은 포식자가 나타나기도 하기 때문이다.

얼마 지나지 않아 아이들이 되돌아오는 것이 보였다. 하지만 아이들 숫자가 확 줄어 있었다. 불길한 예감이 들었다. 갯벌에 내려선 아이들은 말을 잇지 못했다. 아이들의 깃이 파르르 떨렸다.

"우리가 지난겨울을 보낸 양어장과 똑같았어요. 거기서 쉬려고 했는데…… 그런데 그만…… 그물에 걸렸어요. 흑흑."

양어장은 사람들의 것이다. 사람들은 새들에게 양어장의 물고기를 빼앗기지 않으려고 그물을 쳐 두기도 한다. 새들의 눈에는 그물이 잘 보이지 않는다. 그래서 사고가 자주 난다.

갯골에서 쉬던 아이들도 어느새 도도 곁으로 다가와 그물에 걸려 돌아오지 못한 아이들 이야기를 듣고 있었다.

"이곳에서 친구들에게 마지막 인사를 하자."

도도가 아이들의 이름을 불렀다. 어떤 아이는 훌쩍였고 어떤 아이는 고개를 떨구었고 어떤 아이는 하늘을 보았다. 진진의 말대로 진진과 함께 아이들을 인솔했다면 이런 일이 일어나지 않았을까? 모두 도도의 잘못인 것만 같았다.

바닷물이 밀려 들어오고 있었다. 아이들이 마지막 먹이 사냥을 위해 잘박잘박 차오르는 물에 주걱 모양 부리를 넣고 좌우로 저었다. 밤사이 더 이상의 희생이 없도록 도도는 더욱 촉각을 곤두세웠다.

02
계절 학기

'환영! 강마을 초등학교 봄 계절 학기'

보미는 교문 위에 걸려 있는 커다란 현수막을 보고 계절 학기가 시작되는 날이란 게 기억났다. 계절 학기 동안 오후 수업은 체험 학습을 한다는 얘기도 들었던 것 같다. 전학한 지 얼마 되지 않아 보미도 계절 학기는 처음이었다.

보미 엄마는 큰 병이 생겨 수술을 하고 요양 병원에서 치료를 받는 중이다. 엄마가 아파서 겨울 방학 동안만 할머니 집에서 지내기로 한 것이 전학으로 이어질 줄은 몰랐다.

보미가 5학년 교실에 들어섰다. 작은 학교라 5학년은 한 학

급뿐이고 학생도 여덟 명이 전부다. 칠판을 앞에 두고 반달 모양으로 놓인 책상들 중 한 자리가 늘어난 게 보였다.
"전학 왔나 봐?"
보미가 낯선 이름표를 가리키며 옆자리에 앉아 있는 장균이에게 물었다.
"아니야. 도시에서 교환 학생으로 왔대. 지난주에 선생님이 말씀하셨는데 못 들었어?"
보미는 처음 듣는 얘기 같았다. 전학을 하고부터인지 엄마가 아프고 난 다음부터인지 자주 딴생각을 한다. 그 때문에 사람들이 하는 얘기를 종종 놓치기도 한다. 첫 시간이 되자 선생님은 마른 몸에 빨간 안경테가 도드라져 보이는 남자아이를 데리고 교실로 들어왔다.

"우리 반 교환 학생으로 온 정현우예요. 함께 인사 나눠요."

아이들이 도시에서 왔다는 현우를 큰 소리로 반겼다. 전학 오던 날 보미도 같은 환대를 받았던 기억이 났다.

현우는 교실이 낯설어서인지 유난히 두리번대며 자리에 가서 앉았다. 선생님은 계절 학기 일정을 알려 주며 다른 학년에도 교환 학생들이 있으니 친절하게 대하라고 했다.

"자, 그럼 우리 자기소개부터 하고 수업 시작할까?"

"아휴."

아이들 사이에서 한숨 소리가 흘러나왔다. 보미는 자기소개를 하려니 가슴이 콩닥대기 시작했다. 친구들과 얘기를 잘 나누다가도 여러 사람이 빤히 바라보는 데서는 긴장되어 말이 잘 나오지 않았다.

"조용. 잘하면서 왜들 그러니. 자, 현우부터 해 보자."

선생님이 눈으로 현우를 가리켰다.

"나는 뭐든 새로운 걸 좋아해. 이 학교에서도 재미난 일이 많이 생겼으면 좋겠어. 나는 과학 경시대회에서 상도 받았고, 그림 대회에서도, 글쓰기 대회에서도 상을 받은 적이 있어."

현우는 자기소개를 핑계로 자기 자랑을 길게 늘어놓았다.

"나는 김장균이라고 해. 난 대장균이란 별명을 제일 싫어해. 우리 할아버지는 나를 장군이라고 불러. 나는 우리 할아버지처럼 어부가 되는 게 꿈이야."

보미는 딴생각을 하다 장균이의 우렁찬 목소리에 다시 정신을 차렸다. 장균이 얘기에 아이들 몇 명이 웃음을 참느라 키들거렸다. 장균이는 보미가 전학 온 날에도 똑같이 자기소개를 했다. 정말 제일 싫어하는 별명이 대장균인지 의심스러웠다.

보미 차례가 돌아왔다. 떨리는 가슴을 진정시키고 마음속으로 연습했던 자기소개를 하고 싶었지만, 막상 자리에서 일어나니 아무것도 생각나지 않았다.

"나는 이보미야. 봄에 태어나서 이름이 보미야."

겨우 이 얘기만 하고 자리에 앉았다. 몇 명 되지 않는 아이들의 자기소개 시간이 금방 지나갔다.

"선생님, 질문 있어요."

선생님이 막 수업을 시작하려는데 현우가 손을 번쩍 들었다. 현우는 질문을 많이 했다. 하지만 선생님이 대답할 때는 귀 기울이지 않았다. 자리에 앉아서도 책상을 뒤적거리거나 몸을 긁

적이며 가만히 있지 않았다. 보미는 현우의 행동이 거슬려 수업에 집중할 수 없었다. 어느덧 1교시 수업이 끝났다.

보미가 화장실에 다녀온 사이 아이들은 금은화의 책상 둘레에 모여 있었다. 재미난 이야기를 하는 듯 모두의 얼굴이 발그레했다.

"놀이공원 들어오면 우리 만날 거기 가서 놀 수 있는 거야?"

"동네 놀이터 아니고 놀이공원이야. 입장료가 있는데, 만날 갈 수 있겠냐?"

"그게 무슨 소리야?"

보미도 궁금해 은화 책상으로 다가가 물었다.

"우리 마을에 커다란 놀이공원이 생긴대. 디즈니랜드 같은 거 말이야."

은화가 신이 나서 대답했다.

"이장 아저씨가 마을에 서명받으러 다니잖아. 놀이공원이 들어올 수 있도록 허락받는 서명이래. 우리 아빠도 찬성한다고 서명했어."

이야기를 듣고 보니 보미 할머니 집에도 언젠가 이장 아저씨가 왔던 기억이 떠올랐다. 보미는 할머니도 서명을 했을지 궁금했다. 엄마, 할머니와 손잡고 놀이공원에 가는 상상을 하니 설레었다.

"근데 어디에 놀이공원이 들어온다는 거야. 강마을에 그렇게 넓은 땅이 있어?"

보미가 물었다.

"없지. 그래서 강마을 뒤에 용산을 헐고 강마을부터 앞바다 똥섬까지 둑을 놓아 이은 다음 바다를 메워서 그곳에 놀이공원을 만든대."

아빠가 부동산 중개업을 하는 은화가 마치 자신이 놀이공원 설계자인 듯 계획을 막힘없이 쭉 펼쳐 보였다.

"강마을이 개발되면 아파트도 짓고, 백화점도 들어온대."
은화가 눈을 반짝이며 얘기했다.
"우리 할아버지는 용산을 없애면 재앙이 온다고 했어."
"그거 다 미신이야. 요즘 그런 거 믿는 사람이 어디 있냐?"
장균이 말에 은화가 발끈했다.
"갯벌을 메우면 조개도 물고기도 잡을 수 없어서 먹고살 게 없다고 하셨어."
"땅 팔면 물고기 잡는 것보다 돈 더 많이 벌거든. 그걸로 사 먹으면 되지."
"돈이 많으면 뭐 하냐? 사 먹을 물고기가 없는데."
장균이와 은화의 말싸움이 이어졌다.
"근데 용산은 왜 헐어?"
보미도 할머니에게 들었던 용산 전설이 어렴풋하게 떠올라 물었다.
"으응, 육지부터 똥섬까지 갯벌을 메우려면 흙이 필요한데, 그 흙을 용산에서 가져온다던데……."
은화가 설명을 시작하는데 수업 시작종이 울렸고 아이들이 제자리로 돌아갔다.

03
수상한 바위

다음 날 숲 체험 활동 시간이었다.

"다람쥐 선생님!"

숲 입구에 다다르자 등산복을 입고 아이들을 기다리는 선생님이 보였다. 다람쥐라는 별명과는 다르게 키도 크고 씩씩하게 생긴 선생님이었다.

"여러분 잘 지냈죠? 오늘은 오리엔티어링이라는 활동을 할 건데, 오리엔티어링이라는 말 들어 본 적 있어요?"

아이들이 처음 듣는 말이라며 웅성댔다. 그러자 선생님이 숲의 지도와 나침반을 들어서 보여 주며 활동 방법을 차근차근

설명했다.

"자, 지금까지 설명한 대로 나침반과 지도를 이용해서 용산 숲 세 군데 목표 지점을 찾는 거예요. 그리고 각 지점에서 주어진 과제를 한 뒤 지도에다 표시해 오면 됩니다. 모두 이해했나요?"

"네!"

보미는 또 딴생각을 하다 아이들 함성에 정신이 돌아왔다.

"과제를 잘한 모둠에는 선물이 있어요."

선생님 말씀에 아이들이 환호성을 지르며 순식간에 숲으로 사라졌다.

"우리 마을 길은 눈 감고도 다 찾을 수 있어. 내가 1등 해야지!"

장균이가 자신감을 보이며 앞서갔다. 장균이와 같은 모둠인 보미는 장균이만 믿고 따라가는 수밖에 없었다. 한 모둠이 된 현우도 아무 말 없이 보미 뒤를 따랐다.

보미가 앞서가는 장균이를 보니 뒤통수도 등짝도 엉덩이도 모두 네모났다. 5학년이지만 덩치는 중학생을 능가했다. 장균이 티셔츠 목덜미가 점점 땀으로 젖어 가고 있는 것이 보였다. 장균이의 빠른 걸음을 따라가자니 보미는 얼굴이 화끈거리고 다리는 무거워 쉬고 싶은 마음뿐이었다.

"김장균!"

보미가 장균이를 불러 세웠다.

"아까 선생님 말씀 못 들었어? 모둠이 함께 움직이라고 했잖아."

"어! 근데 현우는 어디 갔냐?"

장균이가 뒤돌아보더니 딴소리를 했다. 그런데 정말 보미 뒤에 아무도 없었다.

"짜증 나, 정말!"

"내가?"

장균이가 눈동자를 가운데로 모아 뜨고 손가락으로 자신의 코를 가리키며 웃긴 표정을 지었다. 그 바람에 보미는 저도 모르게 쿡 웃고 말았다.

"너는 여기서 기다려. 내가 현우 찾아올게."

장균이가 보미 앞으로 질러가면서 말했다.

"나 혼자 기다리라고?"

"그럼 같이 가던가."

"싫어!"

보미는 나무 그루터기에 털썩 주저앉았다.

숲은 고요했고, 보미의 머리카락을 어루만지듯 부드러운 바람이 지나갔다. 느낌이 좋았다. 바람이 불어오는 방향으로 얼굴을 내밀고 하늘을 보았다. 나뭇가지에서 막 나온 연둣빛 이파리들이 햇빛을 받아 반투명으로 빛났다.

"예쁘다!"

보미는 숲속을 걸어 본 일도, 나뭇잎을 보며 감상에 빠져 본 것도 처음이었다.

"얘들은 왜 여태 안 오는 거야?"

숲에 혼자 있다고 생각하자 오싹 소름이 돋았다.

보미는 장균이가 지나간 숲길을 따라 천천히 내려갔

다. 숲길이 꺾인 곳에서 장균이와 현우가 두런거리는 소리가 나자 바싹 오그라들었던 마음이 풀어졌다.

"너희 거기서 뭐 해?"

"어유, 깜짝이야!"

장균이와 현우가 움찔하며 뒤돌아보았다. 숲속에서 구르기라도 했는지 아이들 옷에 나뭇잎과 덤불이 잔뜩 붙어 있었다.

"얘가 글자가 새겨진 바위가 있다고 해서, 같이 글자의 비밀

을 푸는 중이었어. 너 이 글자 알아?"

장균이가 바위에 붙어 있는 담쟁이덩굴을 뜯어내며 보미에게 말했다.

장균이 허리까지 오는 높이의 바위는 떨어진 나뭇잎과 담쟁이덩굴로 덮여 형체를 알아보기 힘들었다. 현우가 바위를, 그것도 그 안의 글자를 발견한 게 오히려 더 대단해 보였다. 오래된 바위에 비해 세로로 새겨진 글자의 윤곽은 비교적 또렷했다.

'安全地帶'

"한자잖아."

보미가 말했다.

"그건 나도 알아. 뭐라고 쓴 건지 아냐고."

현우가 물었다.

"글쎄, 어디서 본 것 같은 글자 모양인데……."

하지만 보미는 아무리 떠올려 봐도 무슨 의미인지 알 수 없었다.

그곳에서 시간을 너무 많이 쓴 보미 모둠은 1등은커녕 체험 활동 과제도 다 하지 못하고 꼴찌를 하고 말았다.

04
이장 아저씨

 보미는 피곤한 몸을 이끌고 할머니 집에 다다랐다. 그때 대문 앞에서 이장 아저씨와 마주쳤다. 놀이공원 때문에 서명을 받으러 온 것 같아 반가운 마음에 허리까지 숙여 인사했다.
 "아이고, 예쁜 우리 손주는 학교에 잘 다니고 있는가? 컥, 퉤!"
 이장 아저씨는 피우던 담배를 아무렇게나 휙 던지고 침을 뱉었다. 보미는 마을 어른들에게 항상 공손하고 단정한 모습만 보였던 이장 아저씨가 오늘따라 좀 달라 보인다고 생각했다.
 "어르신, 마을이 개발될 좋은 기회입니다. 젊은 사람들을 위해서라도 서명 부탁드려요. 놀이공원이 생기면 일자리도 많이 생기고, 우리 아이들한테도 좋은 일이고요."

이장 아저씨는 사람들 이름이 잔뜩 적힌 종이를 할머니에게 내밀었다.

"나도 들었네만 갯벌을 메운다니, 무슨 말인가?"

"벌써 소문 들으셨지요. 갯벌이 어디 가겠습니까. 앞으로는 똥섬까지 육지가 되고, 똥섬 너머 다시 갯벌이 시작되는 것이지요. 바다가 조금 멀어질 뿐입니다."

"에구, 갯벌이 우릴 다 먹여 살렸는데……."

할머니가 옅은 한숨을 쉬었다.

"세상이 바뀌지 않았습니까? 이렇게 많은 분이 서명해 주셨어요. 어쩌면 어르신 댁만 남게 될지도 몰라요."

할머니 표정이 점점 어두워졌다.

"어르신, 기회는 왔을 때 잡아야 하는 거 아니겠어요."

이장 아저씨는 할머니를 설득시키려 말을 많이 했다. 하지만 할머니는 선뜻 서명하지 않았다. 보미는 할머니가 어서 서명하기를 바랐다.

"그럼 다음에 또 찾아뵙겠습니다."

할머니가 한숨만 내쉬자 이장 아저씨가 자리에서 일어났다.

실망한 눈빛이 역력했다. 아저씨는 목이 답답한지 '크억, 크억' 큰 기침을 두어 번 하면서 대문을 나섰다.

보미는 할머니에게 바싹 다가가 물었다.

"할머니는 왜 서명 안 해?"

"끙, 얼마 되지 않는 땅뙈기 팔아서 어디로 이사를 가. 이 집 팔면 네 엄마가 와서 쉴 곳이 없어지는데 어째야 하나……."

보미는 놀이공원 때문에 할머니 집이 사라진다는 말을 듣자 뒤통수를 얻어맞은 기분이었다. 그것도 모르고 잠시 설레었던 것이 부끄러웠다.

보미는 애꿎은 핸드폰만 만지작댔다. 핸드폰 배경 화면에 건강할 때의 엄마가 활짝 웃고 있었다.

'엄마에게 할머니 집 이야기를 어떻게 말해야 할까?'

보미 가슴에 먹구름이 끼는 것 같았다.

05
똥섬으로

 어둠이 걷히자 어린 저어새들은 큰 바다를 앞에 두고 삼삼오오 모였다. 전날과 같이 아이들이 먼저 날아올랐고 도도가 그 뒤를 따랐다. 큰 바다는 고요했다. 바람 한 점 없는 대기가 아이들 날개에 무리를 주었을 텐데도 아이들은 불평 한마디 없이 날았다.
 아득하고 지루하기만 했던 큰 바다를 거의 다 건널 즈음 안개가 시야를 가리기 시작했다. 바다와 육지의 경계에서 나타나는 흔한 현상이었다.
 "얘들아, 이제부터는 서로에게 자신의 위치를 소리로 알려야

해. 귀도 열고 부리도 열어. 할 수 있지?"

아이들의 재잘거림이 시작됐다. 얼마 가지 않아 도도의 깃에 바람이 감지되었다. 바람이 불면 안개는 곧 걷힐 것이다. 하지만 바람도 안심할 수는 없었다. 아이들 재잘거리는 소리가 띄엄띄엄 들려왔다. 우려했던 일이 벌어지고 있었다.

"얘들아, 멀어지면 안 돼!"

도도는 아이들의 소리에 온 신경을 집중했다.

도도 곁으로 철탑이 스쳐 지나갔다. 이곳은 해안선을 따라 높은 철탑들이 늘어서 있다. 철탑 위에서 돌아가는 바람개비들은 새들에게 치명상을 입힐 수 있다. 도도는 긴장을 늦출 수 없

었다.

"얘들아, 소리에 집중해! 바람에 몸을 맡기지 말고 아주 천천히 지금까지 날아왔던 속도를 유지해. 여기는 장애물이 많은 곳이야!"

도도는 불안했다. 하지만 아이들에게 불안한 마음이 전달되지 않도록 최대한 침착함을 유지하느라 애썼다.

도도는 맨 앞으로 나와서 바람개비에 휘말리지 않도록 고도를 높여 날았다. 자신의 위치를 알리기 위해 규칙적으로 소리를 내면서 어린 저어새들이 잘 따라올 수 있도록 간격을 좁혔다. 더는 희생이 없기를 간절히 기도했다.

드디어 바람개비의 위험으로부터 벗어났고 육지가 보였다.

하지만 안도하기는 일렀다. 바람개비를 통과하지 못하는 아이들이 생겼기 때문이다. 그렇다고 여기서 지체할 수도 없었다. 도도는 남은 아이들과 함께 목적지인 연꽃마을로 마지막 힘을 다해 날았다.

도도는 지친 몸을 먹이로 보충한 뒤에는 고향 똥섬에 빨리 가고 싶었다. 똥섬에 가려면 한국의 서해안을 따라 북쪽으로 올라가야 한다. 해안선은 넓은 갯벌로 이어져 있고 섬도 많다. 섬은 저어새들이 둥지 짓기 좋아하는 장소다. 하지만 대부분의 섬은 사람들이 살거나 이용하는 곳이라 머물 수 없다. 똥섬만이 사람들의 간섭이 거의 없는 섬이다.

드디어 똥섬이 보였다. 육지 쪽에 아늑하게 앉은 강마을도 보이고 마을을 야트막하게 둘러싼 용산도 보였다. 마음이 푸근해졌다.

"도도!"

짝 진진이 먼저 도도를 알아보았다. 도도는 진진이 부르는 곳으로 가서 내려섰다. 진진이 도도에게 다가와 부리를 가볍게 부딪쳤다. 둘은 부리로 서로 목을 부드럽게 쓰다듬으며 정다운 인사를 나눴다.

"여행은 어땠어?"

"또 사고가 있었어."

진진은 도도가 하는 이야기를 차분히 들었다.

"힘든 시간이었겠다."

"마음이 너무 아파."

"도도가 함께해서 그나마 희생이 적었을 거야."

진진이 부리로 도도의 깃을 다시 한번 쓸어 주며 위로했다.

"똥섬은 어때?"

"환경이 점점 더 나빠지고 있어. 갈매기 둥지밖에 보이지 않

아. 둥지 재료 구하기도 쉽지 않고. 그리고……."

진진은 잠시 깊은숨을 내쉬었다.

"얘기해 봐."

"난 아직 그때 끔찍했던 일이 자꾸 생각나. 너구리가 알을 빼앗아 갈 때도, 새끼들을 물어 죽일 때도 우리가 할 수 있는 일이라고는 지켜보는 것 말고 아무것도 없었잖아. 그런 일을 또 반복할 수 없어."

"진진, 나도 네 마음 잘 알지."

도도는 진진을 바라보며 잠시 말을 멈추었다.

"그땐 진짜 힘들었어. 하지만 우리는 어른이고 새끼를 계속 키워 내야 하잖아."

"꼭 이곳이어야만 해?"

"우리가 살 수 있는 장소들이 점점 줄어들고 있어. 다른 대안이 없잖아. 진진, 우리 똥섬에서 아이들 잘 키워 냈잖아. 2년 전에는 운이 나빴던 것뿐이야. 세상에는 별별 일들이 많으니까."

"더는 우리 아이들을 잃고 싶지 않아. 그만 고집 피워, 도도."

"고집이라고? 우리 아이들의 미래가 걸린 일이고, 우리의 미래이기도 해. 지난해는 비가 너무 많이 와서 알이 물에 잠긴 거지 너구리 탓이 아니야. 이번에는 섬 꼭대기에 둥지를 지으면 그런 일은 벌어지지 않을 거야."

"네 말이 맞아. 비 때문에 너구리가 오지 않았지……. 하지만 올해는 긴 장마와 폭우 대신 너구리가 다시 나타날지도 몰라."

진진이 힘없는 목소리로 대꾸했다.

"나쁜 상상은 그만 접어 두자. 나는 우리 아이들에게 넓은 세상을 보여 주고 싶어. 연꽃마을이 안전하지만, 그곳에서 모두 살기는 힘들어."

도도가 뜻을 굽히지 않았다.

"너구리한테 우리 목숨 구한 것만도 다행이야. 모험까지 하면서 둥지를 짓고 싶지 않아. 저어새 이웃이 없는 것도 불안하고. 근데 도도, 왜 그렇게 똥섬을 고집하는 거야?"

"글쎄, 나도 내가 왜 그런지 설명하기 힘들어. 똥섬에서 나고 자라서일까? 똥섬이 우리를 지켜 주고 있다는 느낌이 들어. 내가 어릴 적 엄마한테 들은 똥섬 이야기가 있어."

"똥섬 이야기?"

"응, 저기 마을 뒤에 산 보이지? 저 산에 용이 살았대. 그런데 이곳 앞바다를 지나다니는 새들과 바다 동물들이 쉴 곳과 먹을 것이 없어서 힘들어하니까, 용이 똥을 싸서 섬을 만들었대. 그래서 이름이 똥섬이야. 용의 똥은 그냥 똥이 아니라 그곳에서 게, 조개, 갯지렁이, 작은 물고기 같은 것들이 나기 시작한 거야. 엄마는 똥섬이 마치 마르지 않는 샘과 같아서 누구나 와서 살아도 되지만, 누구 하나가 독차지하면 재앙이 올 거라고 했어. 뭐라 설명하기 어렵지만 언젠가부터 나도 똥섬의 일부가 된 느낌이야."

도도가 이야기를 마쳤지만 진진은 말이 없었다.

"진진, 네가 내 옆에 꼭 있어 주길 바라."

도도가 간절한 눈빛으로 진진을 바라보았다.

"도도! 걱정 마. 난 언제나 네 곁에 있을 거야."

진진이 대답했다.

용산에 연분홍 산벚나무꽃이 숲을 물들일 무렵, 도도와 진진은 곧 새끼가 태어날 알들을 품느라 바빴다. 진진이 교대로 알을 품기 위해 갯벌에서 먹이를 먹고 막 둥지로 날아온 참이었다.

"이곳의 칠게와 망둑어 맛은 정말 최고야! 우리 아이들에게도 어서 이 맛을 보여 주고 싶어. 도도 배고프지? 어서 다녀와."

도도는 가벼워진 마음으로 갯벌을 향해 날아올랐다.

똥섬에서 멀리 떨어진 바다로부터 검은 구름이 빠른 속도로 몰려오고 있었다. 하지만 도도는 알아차리지 못했다.

06
불시착

'콰르릉 쾅쾅.'

귀를 찢는 듯한 천둥소리에 놀란 보미가 자다가 눈을 떴다. 비바람에 창문까지 덜컥덜컥 흔들렸다.

보미는 베개를 끌어안고 할머니 방으로 쏜살같이 뛰어 들어갔다. 할머니는 코까지 골면서 잠에 빠져 있었다. 보미는 할머니 곁으로 가 이불을 머리끝까지 폭 뒤집어쓰고 누웠다. 그제야 무서움이 조금 수그러들었다.

보미가 눈을 떴을 때는 벌써 날이 훤하게 밝은 뒤였다. 배가 고파 거실로 나갔는데 창밖으로 할머니 뒷모습이 보였다.

"할머니 뭐 해?"

할머니가 보미에게 와 보라며 손짓했다.

보미는 신발을 대충 구겨 신고 마당으로 나갔다. 몸통이 하얗고, 기다란 부리가 특이하게 생긴 새가 축 늘어져 있었다. 태어나서 처음 보는 새였다.

"새가 죽었어?"

"따뜻해. 숨이 붙어 있어."

할머니는 말을 하면서도 새의 몸통을 쓸어 주는 손을 멈추지 않았다. 보미도 새의 몸에 손바닥을 대 보았다. 온기가 전해졌다. 심장이 뛰는 것도 느껴졌다.

"비바람에 길을 잃은 것 같아."

할머니가 말하자마자 새가 까맣고 긴 다리를 쭉 펴며 자리에서 몸을 일으켰다.

"에구, 깨어났네, 깨어났어. 고맙구나. 고마워."

할머니가 손을 모아 비비며 새에게 허리를 굽혔다. 그 모습이 보미는 이상했다.

"할머니, 왜 새한테 인사해?"

"살아나서 얼마나 고맙냐."

새의 다리에 감긴 빨간색 가락지가 눈에 띄었다. 'K94'라는 글자가 선명했다.

"할머니, 새 다리에 가락지가 있어."

"그래? 옛날에는 새가 사람들 소원을 듣고 하늘로 날아가서 소원을 이뤄 준다고 했는데."

"그거 미신 아니야, 할머니?"

"미신이면 어떻냐. 네 엄마도 얼른 나아 새처럼 훨훨 날면 좋으련만."

할머니 말을 듣고 보니 보미도 새가 들을 수 있도록 소원을 빌고 싶어졌다.

새가 다리를 뻗어 일어나는가 싶더니 다시 주저앉았다.

"애고, 뭘 먹여야 힘이 나려나?"

할머니가 새에게 살금살금 다가가더니 양팔로 새를 안았다. 새는 잠시 버둥거리다 맥없이 할머니 팔에 안겼다.

"할머니, 어떻게 하려고?"

"고양이한테 해코지당하기라도 하면 어쩌려고. 가락지 단 걸 보니 주인이 있는 것 같은데 찾으러 올 때까지 잘 데리고 있어야지."

할머니는 새를 안아다 빈 닭장에 들여놓았다. 그리고 대야에 수돗물을 받아 닭장에 넣어 줬다. 새가 목이 말랐었는지 대야에 담긴 물을 부리로 힘없이 저으면서 먹기도 하고 흩뿌리기도 했다.

"이건 뭐에 쓰는 물건일꼬?"

할머니가 바람에 날아온 쓰레기를 치우다 작은 물건을 하나 들고 왔다. 어른 엄지손가락 크기의 네모난 물건이었다. 학교에서 과학 시간에 태양광 자동차를 만들 때 보았던 태양광판 같은 것이 달려 있었다. 하지만 무엇에 쓰는 물건인지는 알 수 없었다. 새가 달고 온 것일까 잠깐 생각했지만 아무리 봐도 새하고는 어울리지 않았다. 우주에서 날아온 새라면 모를까.

'앗! 정말 우주에서 왔나? 케이94니까 아흔네 번째로 지구에

온 케이?'

보미는 혼자 엉뚱한 상상을 했다.

"케이! 오늘부터 네 이름은 케이야. 어때?"

보미가 새를 바라보며 이름을 불러 보았다. 새는 천천히 대야의 물을 저을 뿐이었다.

"참, 보미야 배고프지? 얼른 들어가 밥 먹자."

할머니가 화들짝 놀라며 쓰레기 자루를 마당 한 귀퉁이에 여며 놓고 집 안으로 들어갔다. 보미 배에서 꼬르륵꼬르륵 배꼽시계가 울렸다.

"너도 배고프지?"

보미는 새를 두고 혼자 밥을 먹으려니 어쩐지 미안했다. 하지만 집 안에서 나는 구수한 냄새에 발이 자동으로 움직였다.

주방 식탁에는 벌써 아침상이 차려져 있었다. 보들보들 따끈따끈한 계란찜, 바삭바삭 멸치볶음, 참기름 냄새 솔솔 풍기는 김자반, 아삭아삭 콩나물무침, 구수한 바지락된장국까지 모두 보미가 좋아하는 음식이었다.

"할머니, 새는 어떤 먹이 좋아할까?"

"글쎄다. 갯벌에서 조개 캘 때 저런 새를 본 것 같기도 하고. 그렇구나!"

할머니가 손뼉을 딱 마주쳤다. 뭔가 좋은 생각이 떠오른 듯했다.

"보미야, 장에 가자! 우리 보미 먹고 싶은 것도 사고, 새한테 줄 먹이도 사 오자."

"근데 할머니, 새를 혼자 두고 가도 괜찮을까?"

결국 할머니는 식사를 마친 뒤 혼자 장에 다녀오기로 했다.

보미는 마당으로 나가 닭장 앞에 아주 자리를 잡고 앉았다. 새가 닭장을 천천히 좌우로 왔다 갔다 반복하는 것이 어딘가 불안해 보였다.

"케이, 나가고 싶어?"

그때 새가 보미를 바라보았고 눈이 마주쳤다.

"아직은 안 돼. 뭘 좀 먹어야 힘내서 나가지."

말을 하고 보니 보미가 새의 엄마가 된 기분이었다.

새가 좁은 닭장에서 서성대는 것이 안쓰러웠다. 보미는 닭장보다 더 넓은 곳이 있는지 둘러보았다.

"맞다. 비닐하우스!"

마당 옆 비닐하우스는 할머니가 잎채소와 딸기, 토마토를 키우는 곳이다.

"케이, 내가 넓은 곳으로 데려다줄게."

07
새와 엄마

보미는 새를 비닐하우스까지 옮길 방법을 머릿속으로 그려 보았다. 그런데 막상 닭장 문을 열고 들어가 새를 잡으려 하니 새가 뒷걸음질 쳤다.

"케이! 괜찮아. 내가 너를 지켜 줄게."

보미는 할머니가 했던 것처럼 쭈그리고 앉아서 무릎걸음으로 아주 천천히 새에게 다가갔다. 두 팔로 새를 겨우 끌어안았다.

"헉!"

고약한 냄새와 함께 무릎이 축축해져 왔다. 저절로 손에 힘이 풀렸다.

"야! 어디다 똥을 싸?"

보미는 바지에 묻은 허연 물똥을 보자 벌컥 화가 치밀었다.

새는 보미 손에서 벗어나자 닭장 구석으로 몸을 피했다. 보미는 새를 쏘아보았다. 그런데 시간이 흐르자 괜히 화를 냈다는 생각이 들었다.

"미안. 내가 너무 놀라서 그랬어."

보미는 어차피 버린 옷이라는 생각에 과감하게 다가가 두 팔로 새를 안았다. 새는 생각보다 몸집이 작았고 무척 연약하게 느껴졌다. 잘못하다가는 으스러질 것만 같았다. 겁도 나고 마음도 조마조마했다. 등골을 타고 땀까지 흘렀다. 새를 비닐하우스에 무사히 놓아주고 나서야 보미는 숨을 크게 쉬었다.

새는 보미 손에서 놓여나자마자 할머니 딸기밭을 덥석덥석 밟고 올라섰다. 잘 익은 딸기들이 짓뭉개졌다.

"안 돼!"

보미는 저도 모르게 소리치다 두 손으로 입을 막았다.

새는 할머니가 물을 받아 놓은 커다란 물통 속으로 아주 들어갔다. 부리로 물을 휘젓고, 통에 앉아서 날개를 퍼덕거렸다. 새가 기분이 좋아졌는지 머리 뒤로 노란 깃털을 부채처럼 활짝 폈다.

"와, 멋지다. 왕관 같아!"

혼자 보기 아까운 장면이었다. 보미는 얼른 핸드폰을 꺼내 사진을 찍었다. 새가 물속에서 실컷 논 뒤에는 부리로 머리를 빗듯 깃 정리를 했다.

"새들은 무리 지어 다니던데, 어쩌다 혼자가 된 거야? 엄마를 잃어버린 거야?"

새가 보미를 바라보았다.

"내 말이 들리니?"

새는 다시 제 할 일을 했다.

"나도 엄마랑 같이 살고 싶은데……."

아픈 엄마를 생각하자 괜히 눈물이 핑 돌았다.

"케이야 새들은 정말 사람들 소원을 들어주니?"

"여기 있었구먼!"

그때 할머니가 비닐하우스 안으로 들어왔다. 보미는 눈에 맺힌 눈물을 재빨리 손등으로 찍어 냈다.

할머니가 까만 봉지를 열어 보미한테 보여 주었다.

"앗! 징그러워."

미꾸라지라고 했다. 몸통은 기다랬고 피부는 번들번들 미끌미끌해 보였다. 여러 마리가 서로 엉켜서 꿈틀대는 힘이 엄청

나게 세서 봉지를 뚫고 나올 것만 같았다.

할머니가 미꾸라지 몇 마리를 물통에 넣어 주었다. 새가 미꾸라지를 보자마자 물통으로 날아가더니 부리로 빠르게 물속을 휘저었다. 그렇게 빨리 움직이는 모습은 처음이었다.

"와, 잡았다!"

새가 미꾸라지를 잡는 모습을 보고 보미는 마치 자신이 잡은 듯 신났다.

새가 갑자기 노는 것을 멈추더니 물통 밖으로 나와 머리를 아래위로 계속 끄덕였다. 분명 뭐라 얘기하는 것 같은데 알아들을 수 없어 보미는 답답했다. 보미가 자리에서 일어서자 뒤를 졸졸 따라오기까지 했다.

"내가 엄마인 줄 아나?"

보미 마음이 몽글몽글 이상했다.

"아, 먹이 달라는 거였구나!"

물통 안을 들여다보니 미꾸라지가 한 마리도 남지 않았다.

"할머니, 케이가 미꾸라지 더 달래요."

보미는 새의 말을 알아들은 것 같아 뿌듯했다.

"오냐, 어서 먹고 날아라."

할머니가 물통에 미꾸라지를 더 쏟아 주었다.

케이를 만난 일은 보미가 강마을에 온 뒤 가장 흥미로운 사건이었다. 보미는 케이의 주인이 나타나지 않기를, 케이와 시간을 더 보낼 수 있기를 마음속으로 빌었다.

"할머니, 나 학교 다녀올 동안 케이 잘 보고 있어야 해!"
보미는 여러 차례 이 말을 반복하면서 집을 나서지 못했다.
"에구, 우리 보미, 걱정 붙들어 매고 얼른 학교 다녀오셔. 버스 놓치겠다."

보미는 통학 버스에 올라타서도 케이를 생각하면 절로 웃음이 났다. 사람들이 개나 고양이를 아기처럼 예뻐하고 사랑하는 느낌을 비로소 알 것도 같았다.
　보미가 교실에 들어서니 주말을 보내고 온 아이들 목소리가 한껏 높았다. 현우는 도시에 있는 가족들을 만났다고 했고 장균이는 할아버지와 배 타고 낚시를 다녀왔다고 자랑했다. 보미도 입이 근질근질해서 견딜 수가 없었다. 아이들에게 새가 찾아온 얘기를 하며 핸드폰의 사진을 보여 주었다.

"신기한 새다."

몇몇 아이들이 잠깐 관심을 보이다 제자리로 돌아갔다.

"어! 나 이 새 아는데."

현우가 보미 어깨너머로 사진을 보며 말했다. 보미는 현우 입에서 무슨 말이 나올지 궁금했다.

"나도 전에 할아버지 배 타고 나가서 이런 새 많이 봤는데."

이번에는 장균이였다.

"저어새라고 했나?"

"저 새? 장난해?"

보미가 장균이에게 핀잔을 주었다.

"맞아. 저어새야."

현우가 핸드폰에서 검색한 저어새 사진을 보여 주었다.

"맞네. 부리는 주걱 같고, 머리 뒤 왕관 모양 깃하고 가슴에 노란색 띠도 똑같아. 물속에 있는 미꾸라지를 이렇게 저어서 먹어."

보미는 팔을 아래로 하고 물을 젓는 흉내까지 내면서 신나게 설명했다.

"저어새는 천연기념물이라 잡으면 안 돼."

현우가 잘난 체하며 말했다.

"그게 무슨 말이야?"
"천연기념물은 집에서 키우면 경찰에 붙잡혀 갈 수도 있어."
"나는 그냥 먹이 주고 보살펴 준 건데……."
보미 목소리가 확 쪼그라들었다.
"신고해!"
장균이가 말했다.
"어디로?"
보미가 자신 없이 물었다.
"신고는 112지. 우리 할아버지도 도로에 쓰러져 있는 고라니를 112에 신고한 적이 있어."
장균이가 대답했다. 그 순간 여러 생각이 보미 머리를 스쳤다.
'경찰에 붙잡혀 가면 어떡하지? 신고하지 말고 그냥 풀어 줄까? 애들한테 괜히 자랑했나 봐.'
그때 수업 시작종이 울렸다. 보미는 들고 있던 핸드폰을 가방에 집어넣었다.
"지금 신고할 거야?"
쉬는 시간이 되자 장균이가 물었다. 보미는 할 수 없이 아이들이 지켜보는 가운데 핸드폰을 들고 112 숫자를 하나하나 손가락으로 찍었다. 경찰이 전화를 받자, 보미 가슴이 콩닥댔다.

경찰은 보미에게 새에 대해서는 묻지 않았다. 할머니 집 주소를 알려 달라고 했다. 보미가 집 주소를 모른다고 하자 야생 동물 구조 센터 전화번호를 문자 메시지로 보낼 테니 그쪽으로 신고하라고 했다. 보미가 마음을 졸이고 걱정하던 일은 실제로 벌어지지 않았다.

학교 수업이 끝나고 보미는 야생 동물 구조 센터에 신고를 마쳤다.

"오늘은 통학 버스 안 타?"

장균이가 실내화를 갈아 신는 보미를 따라나서며 물었다.

"통학 버스 기다릴 시간 없어. 빨리 집에 가서 새 볼 거야."

보미는 마음이 급했다.

"나도 새 보러 너희 집 가면 안 돼?"

"나도, 나도."

현우도 덩달아 끼어들었다.

"몰라, 몰라. 알아서 해."

보미는 누군가 와서 새를 데려가기 전에 마지막 인사라도 나누고 싶어서 지름길인 논길로 뛰었다.

08
사라진 새

할머니 집 앞에는 '야생 동물 구조 센터' 글자가 새겨진 차 한 대가 서 있었다.

"다행이다! 아직 안 갔다."

보미는 숨을 헐떡이며 차 안을 살폈지만 아무도 없었다. 비닐하우스 앞에 사람들이 모여 있었다. 똑같은 색깔의 조끼를 입은 아저씨와 머리를 뒤로 묶은 언니가 할머니랑 서서 얘기를 나누고 있었다. 그런데 비닐하우스 문이 열려 있는 것이 이상했다.

"보미야!"

할머니가 불렀지만, 보미는 불안한 마음에 비닐하우스 안을 먼저 들여다보았다. 빈 물통만 보이고 새는 어디에도 없었다. 비닐하우스 옆 귀퉁이는 비닐이 찢긴 채 바람에 너덜거렸다. 보미 가슴이 철렁 내려앉았다.

"할머니, 케이는?"

"개가……."

"개가 케이를 물어 간 거야?"

보미는 할머니가 하는 말을 기다리지 못하고 물었다.

"그게 글쎄, 동네 사람이 지나가다가 개 짖는 소리가 나길래 무슨 일인가 하고 비닐하우스 문을 열어 봤다잖아. 그런데 그만 그사이 새가 날아가고 개도 도망쳤다고……."

보미가 혹시 하는 마음에 하늘을 보았지만 희뿌연 하늘에는 아무것도 보이지 않았다. 새를 닭장에 그대로 두었으면 이런 일이 없었을 텐데, 비닐하우스로 옮긴 것이 후회되었다.

"이름이 보미라고 했죠? 몇 가지 물어봐도 돼요?"

야생 동물 구조 센터에서 온 언니가 물었다. 보미는 땀을 닦는 것처럼 눈에 맺힌 눈물을 손등으로 재빨리 훔쳤다.

"혹시 저어새 사진 찍은 거 있니?"

보미는 핸드폰에 저장된 사진을 보여 주었다.

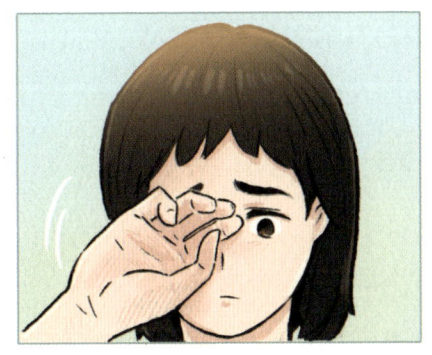 

"가락지가 있네요. 케이94예요."

언니가 함께 온 아저씨에게 사진을 보여 주었다.

"가락지를 언제 단 것일까요?"

아저씨가 묻자 언니가 어딘가로 전화했다.

"수의사님! 이 박사님한테 물어보니 12년 전 가락지라네요. 그럼 열두 살이겠네요. 암컷이고요."

야생 동물 구조 센터에서 온 아저씨는 수의사인 것 같았다.

"열두 살이요? 우리랑 나이가 같아요?"

보미 옆에 있던 장균이가 반가운 표정으로 물었다.

"새가 어떻게 열두 살인 줄 알아요?"

현우가 질문했다.

"가락지 번호를 알면, 그 가락지를 언제 단 건지 알 수 있어."

"가락지는 왜 달아요?"

"새가 어디에서 어디로 이동하는지 알아보거나 언제 어디서 태어났는지 확인하려고 달지."

현우의 질문이 이어지자 언니는 숨을 한 번 돌리고 대답해 주었다.

"새가 열두 살이면 사람으로는 어느 정도 나이예요?"

보미는 케이가 열두 살이나 된 새라는 것이 놀라워 질문했다.

"글쎄. 저어새는 세 살이 넘으면 새끼도 낳을 수 있으니까, 케이94는 벌써 새끼를 여럿 둔 엄마겠지."

"케이가 엄마라고요?"

케이의 나이가 열두 살인 것도 놀라운데 엄마라는 것은 더 놀라웠다.

"케이는 직접 지어 준 이름이니?"

"네, 다리에 있는 가락지의 글자를 봤어요."

"이름도 지어 주었는데 새가 날아가서 속상했겠다. 새가 어디 다친 곳은 없어 보였니?"

언니가 보미 표정을 살피며 질문했고, 몇 가지 대답은 수첩에 적었다.

"새가 다시 나타나면 나한테 전화해 줄래? 우리가 새를 더 안전하게 지켜 줄 수 있으니까 꼭 전화해 줘."

언니가 보미에게 명함을 주었다. 명함에는 '야생 동물 구조 센터 재활 관리사 강나래'라고 적혀 있었다.
"저도 주세요."
현우가 말하자 장균이도 손을 내밀었다. 재활 관리사는 현우와 장균이에게도 명함을 한 장씩 건네주었다.
"새한테 관심이 많은 친구들이네! 만나서 반가웠어요. 야생 동물 구조 센터에 한 번 구경 와요."

재활 관리사는 이 말을 끝으로 바쁜 듯 수의사와 함께 차를 타고 떠났다.

보미는 갑자기 혼자 남겨진 느낌이 들었다. 비닐하우스의 찢어진 구멍처럼 마음에도 큰 구멍이 생긴 것 같았다. 케이와 함께 있었던 날들이 꿈인 것만 같았다.

"그동안 친구들을 많이 사귀었네. 보미야, 할미가 딸기 따다 줄 테니까 친구들하고 들어가 있어."

아직 친하지도 않은 아이들을 집 안으로 데리고 들어가는 것이 불편했지만 할머니가 떠미는 바람에 어쩔 수 없었다. 보미는 집 안으로 들어가면서도 자꾸 하늘로 눈길이 갔다.

"너도 할머니랑 살아?"

장균이가 집 안을 휘둘러보더니 갑자기 친한 척하며 보미에게 물었다.

"으응, 부모님은 도시에……."

보미는 대충 얼버무렸다. 가까운 사이도 아닌데 집안 얘기를 자세히 하고 싶지 않았다.

"어! 이거 어디서 난 거야?"

그때 현우가 방문 고리에 걸려 있던 네모난 태양광판이 달린 물건을 집으며 물었다.

"애는 남의 물건을 함부로 만지고 그러냐?"

장균이가 현우에게 눈치를 주었다.

"마당에서 주운 건데 뭐 하는 물건인지 모르겠어."

보미가 아이들한테 물건을 가져다주며 말했다. 아이들은 보미가 그랬던 것처럼 물건을 이리저리 돌려가면서 살폈다. 장균이가 물건을 만지는데 뭔가 톡 떨어졌다. 아이들이 폭탄이라도

본 듯 동작을 멈췄다. 방바닥에 떨어진 것은 엄지손톱만 한 메모리 카드였다.

"앗! 내가 망가뜨린 거야?"

장균이가 덩치에 맞지 않게 기어들어 가는 목소리로 물었다.

"비밀문서 같은 거 들어 있는 거 아니야? 우리 열어 보자!"

현우가 호기심 가득한 눈을 반짝였다.

보미는 엄마가 주고 간 노트북을 가지고 나왔다. 노트북에 메모리 카드를 넣자 여러 가지 동영상과 사진이 보였다.

"와, 저어새가 엄청 많아. 둥지도 보이고, 새끼들도 보여. 새끼 너무 귀엽다."

"이 메모리 카드, 케이가 달고 왔던 건가 봐."

보미가 말했다.

"맞다. 이거 위치 추적기야. 역시 내 머리는 알아줘야 한다니까."

현우가 손뼉을 딱 마주쳤다. 잘난 체도 빼놓지 않았다.

"동영상으로 본 적 있어. 이건 위치 추적기인데, 그 안에 메모리 카드도 들어 있었던 건가?"

현우가 태양광판이 붙어 있는 물건을 들고 말했다.

"그러면 이거 구조 센터에 갖다줘야겠다."

"맞아! 저 어새한테 중요한 물건일 거야."

보미는 구조 센터에 가면 케이에 대해 뭔가 더 알 수 있지 않을까 싶어서 기대되었다. 아이들은 머리를 맞대고 구조 센터 가는 방법을 함께 검색했다.

09
가족 곁으로

 도도는 비닐하우스에서 탈출하자마자 똥섬의 위치를 확인하기 위해 높이 날아올랐다. 가슴이 뻥 뚫리는 기분이었다.
 강마을 해안에서 조금 떨어진 작은 섬 똥섬이 눈에 들어왔다. 돌풍이 도도를 멀리까지 데려다 놓지 않은 게 다행이라 생각했다. 진진이 둥지에서 꼼짝하지 않고 알을 품고 있는 것이 보였다.
 "진진!"
 진진은 도도가 똥섬에 내려앉는 것을 눈도 깜빡이지 않고 바라보았다.

"도도? 정말 도도 맞지? 가락지는 맞는데. 등에 매달린 줄은?"

"돌풍이 내 짐을 날려 버렸어. 하하."

"지금 웃음이 나와? 다친 곳은 없어? 어디 있다 온 거야?"

진진은 걱정한 만큼 질문도 많았다.

"다시 돌아와서 너무 기뻐 눈물이 날 지경이야. 보다시피 멀쩡해."

도도가 날개를 펴서 보여 주었다.

"진진, 걱정 많이 했지? 바닷가로 날아갈 때는 날이 멀쩡했는데 갑자기 돌풍이 분 거야."

"그러게, 그날 비바람이 무척 세더라고. 요즘 날씨가 심상치 않아."

"맞아, 아무리 날갯짓을 해도 빠져나올 수 없었어. 한 치 앞도 분간하기 어려웠다니까. 게다가 등에 맨 줄까지 꼬챙이에 걸린 거야. 그렇게 매달려서는 휘몰아치는 바람 속에서 정신을 가다듬었지. 천둥에 번개까지 내려치는데, 딱 번개에 맞아 죽겠더라고. 죽을힘을 다해 발버둥 쳤지. 그런데 번갯불이 번쩍한 뒤로는 생각이 나지 않아. 눈떴을 때는 어떤 할머니랑 아이가 내 몸을 쓸어 주고 있었어. 그 사람들 덕에 이렇게 살았지 뭐야."

"사람이 도도를 구해 줬다고?"

"그래, 먹이도 줬다니까. 막판에 개한테 물려 죽을 뻔했지만, 운이 좋게도 살아남았어. 그나저나 진진, 나 없는 사이 알 돌보느라 아무것도 먹지 못했겠네."

"그러게, 이제야 배가 고파온다. 돌이라도 삼킬 수 있을 것 같아. 하하."

"진진, 어서 교대하자."

도도는 진진이 둥지에서 물러나자 부리로 알을 골고루 굴려 주며 인사를 나눴다.

"며칠 사이 가벼워진 걸 보니 우리 새끼들 잘 자라고 있었네."

"도도, 그동안 아이들과 이야기 나누고 있어. 다녀올게."

진진이 떠나고 도도는 알을 품고 둥지에 앉았다. 알의 따스한 온기가 가슴에 전해지자 마음까지 포근해졌.

그때 머릿속에 한 장면이 떠올랐다. 아주 오래전 도도가 똥섬에서 태어나던 해의 일이었다.

"애들아, 엄마 어렸을 때 얘기 들려줄게."

 그날은 도도의 엄마 아빠가 도도 남매들을 둥지에 남겨 두고 처음으로 함께 먹이 활동을 하러 간 날이었다.
 도도 삼 남매는 아직 바깥세상은 무서워 둥지 안에서 엄마 아빠가 오기만을 목을 빼고 기다렸다.
 도도의 오빠들은 심심하던 끝에 한 가지 궁리를 냈다. 누가 멀리 똥을 싸는지 시합하는 것이었다.
 저어새들은 둥지 안에서 밖으로 엉덩이를 내밀고 허연 물똥을 싼다. 쾌적한 둥지를 위해서 가능하면 둥지에서 멀리 똥을 싸는 것이 좋다고 배운다.

도도는 가뜩이나 배고픈데 시시한 시합에 끼고 싶지 않았다. 그런데 오빠들은 시합에서 이기면 아빠가 주는 망둑어와 칠게를 먼저 받아먹게 해 준다고 도도를 꼬셨다. 먹이를 첫 번째로 먹는다는 것은 실컷 먹을 수 있다는 뜻이기 때문에 도도는 오빠들의 솔깃한 제안을 받아들였다.

도도는 똥 싸기 시합에서 이기고 싶은 욕심으로 둥지 나뭇가지 끝에 나가 섰다. 그러고는 시원하게 똥 포를 날렸다. 하지만 무게 중심이 엉덩이로 옮겨지면서 도도는 똥 줄기와 함께 바위 아래로 떨어지고 말았다. 대형 사고가 난 것이다.

설상가상으로 그곳은 갈매기가 새끼를 키우는 둥지 옆이었다. 갈매기는 도도를 둥지 침입자로 오해하고 바로 날아올라 억센 부리로 도도의 날갯죽지를 공격했다. 도도는 울면서 살려 달라고 빌었지만 소용없었다.

때마침 도도 엄마가 나타나 갈매기의 공격을 막아 주었다. 하지만 엄마도 도도를 둥지까지 데려다줄 수는 없었다.

도도는 날개에 깃이 아직 나오지 않아 날 수 없었다. 도도가 둥지를 찾아가는 일은 마치 거대한 산맥을 걸어서 넘는 것과 같았다. 도도는 뒤뚱거리며 바위를 미끄러지고 또 미끄러지면서 똥섬을 기어올랐다.

둥지를 찾아가는 길에 해는 벌써 저물어 가고 비까지 내리기 시작했다. 하지만 도도는 포기하지 않았다. 온 힘을 쏟아 둥지에 겨우 발을 들여놓은 도도는 그만 풀썩 쓰러지고 말았다.

눈을 떴을 때는 아빠가 도도에게 날개 우산을 씌워 주고 있었다. 그리고 먹이도 맘껏 먹을 수 있도록 해 주었다.

"나는 죽을 고비를 여러 차례 넘겼어. 어찌 보면 운이 좋았던 거지. 그런데 또 달리 생각해 보면 첫 번째 고비를 잘 이겨 낸 덕분이 아닐까 싶어. 힘들었지만 짜릿한 경험을 한 덕에 지금의 용기가 생긴 것 같거든."

도도는 다시 생각해도 어린 시절 자기 자신이 참 대견했다.

"얘들아, 너희는 혼자가 아니야. 어려움이 닥쳐도 포기하지 않고 살다 보면 서로 연결되어 있다는 걸 알 수 있게 돼. 너희도 어떤 상황에서든 용기를 잃지 않는 저어새가 되길 바라."

도도는 새끼들이 태어나면 똥섬에서 살아온 저어새들의 이야기도 들려줘야겠다고 생각했다.

10
산 넘어 산

야생 동물 구조 센터 가는 길은 장균이가 안내하기로 했다. 장균이는 통학 버스를 타는 대신 시내버스로 읍내에 가서 직행 버스로 갈아타고 가자고 했다.

"어! 저 버스는 뭐지?"

보미가 멀찌감치 뒤꽁무니만 보이며 달려가고 있는 버스를 가리켰다.

"어! 저거 타야 하는데."

장균이가 김빠지는 소리를 했다.

"어떻게 된 거야? 버스는 30분에 온다며?"

"시골은 원래 그래. 손님이 없으면 버스가 정류장을 그냥 지나치거든."

"그게 무슨 말이야? 그럼 우리더러 더 일찍 나와서 버스를 기다리자고 했어야지!"

보미는 갑자기 머리에 열이 나면서 몸이 후끈거렸다.

"우리 다음에 가자."

현우가 말했다.

"다음에 언제? 학교도 가야 하고 오후에는 체험 학습이 줄줄이 있어. 시간이 없어. 나는 당장 갈 거야."

"명함 준 누나한테 전화해서 가지러 오라고 하면 되잖아."

현우가 제안했다.

"아니, 나는 직접 가서 이 메모리 카드가 누구 것인지 확인하고, 케이가 잘 살고 있는지 꼭 알아낼 거야."

보미는 씩씩대면서 버스가 지나간 방향으로 무작정 걸었다.

"이보미!"

뒤에서 장균이가 불렀지만 보미는 앞만 보고 걸었다.

"지름길이 있어."

장균이가 말하자 그때야 보미가 뒤돌아봤다.

"숲길로 가면 빨리 갈 수 있어."

"숲길? 난 안 가."

현우가 버텼다.

"그래, 넌 가지 마. 너 때문에 지난번 숲 체험도 망쳤잖아."

보미가 현우에게 쌓인 감정을 풀어놓았다.

"현우 안 가면 나도 안 갈래."

장균이가 말했다.

"뭐야, 이랬다저랬다 좀스럽게. 대장균같이."

보미는 뒤돌아서 가던 방향으로 다시 걸었다.

"흑흑."

보미가 걷다 말고 갑자기 울기 시작했다.

장균이와 현우는 어리둥절해 서로의 얼굴을 바라보았다.

"울지 마, 뭘 그런 걸 갖고 울고 그러냐. 같이 가면 될 거 아냐."

장균이가 보다 못해 보미를 달랬다.

"난 케이가 살아 있는 걸 꼭 확인해야 한단 말이야."

보미가 눈물을 그치고 겨우 이 말만 했다.

"왜?"

현우가 궁금한 것을 참지 못하고 또 물었다. 장

균이가 옆에서 현우 옆구리를 쿡 찔렀다. 보미도 왜 그런 마음이 드는지 복잡해서 설명하기 어려웠다. 며칠 곁에 있었던 케이의 안부가 궁금하기도 했고, 케이가 잘 살아야지만 엄마도 건강하게 집으로 돌아올 것만 같았다.

"이보미, 우리가 같이 갈게. 함께 가자."

장균이가 더 묻지 않고 시원시원하게 앞장섰다. 현우는 마지못해 따라왔다. 숲길로 들어서자 양옆으로 조팝나무의 흰색 꽃줄기들이 오솔길을 화사하게 밝혀 주었다. 그 위로는 아까시나무 꽃송이가 포도송이처럼 주렁주렁 매달려 있었다.

"좋은 향기가 나."

보미가 마치 언제 울었냐는 듯이 향기가 나는 곳을 찾아 두리번댔다.

"아까시나무꽃에서 나는 향이야."

장균이가 손에 닿는 꽃송이를 따서 보미에게 주었다. 보미가 꽃을 코에 대며 향에 취한 듯한 표정을 지었다.

"꺅! 진드기다!"

현우가 소리쳤다. 그러고는 보미가 들고 있던 꽃송이를 빼앗아 땅바닥에 내동댕이치고는 멀리 달아났다. 보미도 펄쩍 뛰며 뒤로 물러났다.

"뭐야, 진딧물이네."

장균이가 버려진 아까시나무꽃을 들여다보더니 아무렇지도 않게 얘기했다.

"진드기랑 진딧물이랑 같은 거 아니야?"

보미가 멀찌감치 떨어진 곳에서 물었다.

"당연히 다르지. 진딧물은 채식주의자거든요. 피 아니고 식물즙 좋아한단 말이야."

그제야 아이들은 펄펄 뛰던 것을 멈췄다.

"우리 빨리 여기서 빠져나가자."

보미는 꽃가지에 오글오글 붙어 있던 진딧물을 본 후로 몸이 근질거리는 것 같았다. 게다가 얼굴에 거미줄 같은 게 자꾸 달라붙어 기분 나빴다. 손으로 허공을 휘휘 저어가며 숲길을 뛰다시피 했다.

앞서가던 현우가 갑자기 멈춰 섰다. 그 바람에 뒤따라가던 아이들이 현우와 부딪혔다.

"지난번에 봤던 바위야."

현우가 바위를 가리켰다.

'어! 그 바위.'

보미는 다시 만난 바위 앞에 서자, 퍼뜩 할머니에게 들었던 용산 전설이 떠올랐다. 지난번에 어디서 본 것 같은 느낌이 들었던 까닭을 그제야 깨달았다.

할머니에게 들은 전설은 이랬다. 옛날에 욕심쟁이 땅 부자가 용산을 헐어 제 땅으로 만들려고 했다. 그러자 용산에서 잠자던 용이 화가 나서 깨어나 해일을 일으켜 벌을 주었다. 해일이 일어나자 땅 부자뿐만 아니라 마을 사람들 모두 위험에 처했는데, 다행히 산 중턱의 바위까지 올라간 사람들은 겨우 목숨을 건졌다. 그 바위 위로는 바닷물이 올라오지 않는다는 사실을 안 사람들은 바위에 '이 바위까지만 올라오면 안전하다'는 뜻

의 표시를 했다. 그리고 용은 똥을 누어 섬을 만들었는데 착하고 죄 없는 사람들과 동물들이 이곳에서 나오는 조개, 낙지, 게, 소라 같은 것을 먹고 걱정 없이 잘 살았다고 한다. 후에 사람들은 이 섬을 똥섬이라 불렀다.
 보미는 할머니가 들려준 전설 속 바위가 바로 이 바위일지도 몰라 핸드폰으로 사진을 찍어 두었다.

"마을이다!"

현우가 보물이라도 찾은 듯 산 아래쪽을 바라보며 소리쳤다. 나무 사이로 반듯반듯 네모진 논들이 조각보처럼 이어진 넓은 논이 눈에 들어왔다.

"저기가 산마을이야. 강마을보다 사람들이 많이 살아서 버스도 많이 다녀."

장균이가 말한 대로 큰길을 따라 집들이 제법 많이 보였다. 찻길이 보이자 힘이 났다.

아이들은 부지런히 산길을 내려왔다.

"저 차는 왜 저렇게 서 있지?"

현우가 산 아래 저수지에 금방이라도 빠질 듯 기우뚱하게 서 있는 차를 가리키며 말했다.

"정현우! 우리 한눈팔지 말고 가자."

보미가 현우를 잡아끌었고, 장균이는 버스가 오고 있는 정류장 쪽으로 달려갔다.

"차에 사람이 있는 것 같아."

현우가 보미 손을 뿌리치고 차 있는 곳으로 뛰었다. 보미도 이상한 예감이 들어 현우를 뒤쫓았다.

"나 좀 도와줘요. 119에 신고 좀 해 줄래요? 내가 핸드폰을 바닥에 떨어뜨려서……."

현우와 보미가 다가가자, 차 안에서 한 아줌마가 개미만 한 목소리로 도와 달라고 했다. 보미는 핸드폰을 꺼내 부들부들 떨리는 손으로 119 번호를 눌렀다. 현우는 재빨리 장균이에게 소리쳤다.

잠시 뒤 119 구조대 대신 버스가 저수지 쪽으로 다가오는 것이 보였다. 버스에서 할머니 할아버지들이 내렸고, 그 사이에 장균이가 있었다.

"어떻게 된 일이야?"

보미가 어리둥절해서 장균이에게 물었다.

"으응, 기사님이 도와주신다고 해서."

파란색 와이셔츠에 '모범 운전자'라는 명찰을 단 아저씨가 한쪽 어깨에 밧줄을 메고 기울어진 차로 가까이 왔다.

"아줌마, 내가 왕년에 특전사 구조대에 있었어요. 나만 믿어요. 이거 몸에 걸 수 있죠?"

기사 아저씨는 차창이 열린 곳으로 밧줄을 살살 들이밀었다. 아줌마가 밧줄을 몸에 걸칠 때 차가 조금씩 위태롭게 움찔댔다. 그 모습을 지켜보는 사람들이 작게 앓는 소리를 냈다.

"잘했어요. 이제 밧줄을 몸에 바짝 조이고 꽉 잡아요! 우리가 끌어낼 테니까!"

아이들과 어른들은 밧줄을 꽉 움켜쥐었다. 기사 아저씨가 큰 소리로 신호를 보내자 사람들이 밧줄을 힘껏 잡아당겼다.

"영차, 영차!"

한 할아버지가 구령을 붙였다. 사람들이 구령에 맞춰서 밧줄을 힘 있게 끌어당기자 아줌마 몸이 천천히 움직였다. 아줌마가 움직일 때마다 차도 기우뚱기우뚱 위태롭게 움직였다. 아줌마는 차를 빠져나오면서도 들고 있던 커다란 사진기를 품에서 놓지 않았다.

"에구, 사진기가 더 중한가 보네."

누군가 작은 소리로 말했다. 아줌마 몸이 차창으로 반쯤 빠져나올 때쯤 119 구급대와 견인차가 함께 도착했다. 구급대원들의 도움으로 차 밖으로 빠져나온 아줌마는 백 미터 달리기라도 한 사람처럼 숨을 크게 몰아쉬었다. 아줌마는 사람들을 향해 머리가 땅에 닿도록 허리를 굽혀 여러 차례 인사를 했다.

"어서 타세요. 출발해요."

어느 틈에 기사 아저씨는 버스에 올라타 소리쳤다. 아이들은 버스를 놓칠세라 뛰었다.

"신기하지 않냐? 우리가 아까 버스를 놓치지 않았으면 어떻게 됐겠냐?"

장균이가 들뜬 목소리로 말했다.

"벌써 야생 동물 구조 센터에 도착했을 텐데……."

보미가 아쉬운 듯 말했다.

"그게 아니고, 우리가 아줌마를 구할 운명이었다니까. 우리 아니었으면 아줌마 어쩔 뻔했냐고. 우리 할아버지는 잃는 것이 있으면 얻는 것도 있다고 늘 말씀하시거든. 우리가 버스를 놓친 대신 아줌마 목숨을 구한 거야."

장균이 말에 아이들이 고개를 끄덕였다.

"우리가 만약 야생 동물 구조 센터에 가는 것을 포기했어도 아줌마를 구하지 못했을 거야."

보미가 말했다.

11
야생 동물 구조 센터

야생 동물 구조 센터에 도착해 현관문을 열고 들어선 아이들은 모두 눈을 동그랗게 떴다. 입도 저절로 벌어졌다.

"아니, 여러분이 여기 어떻게?"

조금 전 차에서 구조한 아줌마가 그곳에 있었다.

"이 박사님, 이 친구들 아세요?"

아줌마 옆에는 전날 보미 할머니 집에 왔던 강나래 재활 관리사가 서 있었다. 관리사는 아이들과 아줌마를 번갈아 바라볼 뿐이었다.

"이 친구들이 내 생명의 은인이에요. 아까는 정신이 없어서

연락처도 물어보지 못했는데, 여기서 만나게 되다니!"

"이 박사님, 정말 큰일 날 뻔했어요. 아이들 아니었으면 어쩔 뻔했어요."

"강 선생, 자꾸 이 박사 이 박사 하지 말아요. 이 친구들이 내가 정말 박사인 줄 알잖아요. 이 박사는 별명이에요, 별명."

이 박사가 아이들을 향해 말했다.

"어머머, 새 박사 맞잖아요. 학위가 있어야만 박사인가요? 장 박사님도 인정한 박사인데?"

아이들은 두 사람이 무슨 소리를 하는지 알 수 없었다.

"암튼 난 운이 억세게 좋은 사람이라니까. 지난겨울에는 두루미를 탐조하다가 텐트 안에서 동사할 뻔한 얘기 들었죠? 하하."

이 박사가 호탕하게 웃었다. 아이들은 이 박사가 방금 물에 빠질 뻔했던 사람이 맞는지 다시 한번 쳐다봤다.

"케이94 신고를 한 친구가 바로 이 친구예요."

재활 관리사가 이 박사에게 보미를 소개했다.

"똥섬에서 이제 저어새를 못 보는 줄 알았는데, 케이94가 나타났다길래 얼마나 반갑던지. 케이94에게 정신이 팔려 그만 여러분한테 민폐를 끼쳤네요."

"박사님! 케이 보셨어요?"

보미는 케이 소식이 반가워 얼른 물었다.

이 박사는 어깨에 메고 있던 커다란 사진기에서 사진 하나를 찾아 액정 화면으로 보여 주었다.

"이 새가 케이예요."

보미는 날개를 활짝 펴고 하늘을 시원하게 날고 있는 케이를 머리끝에서 발끝까지 찬찬히 살폈다. 다행히 겉으로는 다친 곳 없이 건강한 모습이었다. 마음이 조금 놓였다. 하지만 케이를 직접 눈으로 확인하고 싶었다.

"그런데 여러분, 여기는 무슨 일로 왔어요?"

재활 관리사가 물었다.

그제야 보미가 가방에서 위치 추적기와 메모리 카드를 꺼내 재활 관리사에게 보여 주었다. 하지만 재활 관리사보다 이 박사가 위치 추적기에 더 관심을 보였다.

"케이에게 달려 있던 건가요?"

이 박사가 보미에게 물었다.

"그건 모르겠어요. 케이를 만난 날 마당에서 주웠어요."

이 박사가 꼼꼼하게 위치 추적기와 메모리 카드를 살폈다.

"장우주 박사님이 12년 전에 똥섬에서 케이94에게 가락지를 단 것은 맞아요. 그런데 위치 추적기와 메모리 카드를 부착

한 기록은 없는데 이상하네요."

"장우주 박사님께 여쭤보면 되잖아요?"

현우가 말했다.

"안타깝게도 장우주 박사님이 돌아가셔서……. 암튼 메모리 카드의 내용을 봐야지만 궁금증이 풀릴 것 같은데."

이 박사가 재활 관리사를 쳐다보았다.

"제 자리 컴퓨터로 보세요."

"고마워요, 강 선생."

"자, 우리는 센터 구경하러 갈까요?"

재활 관리사가 아이들을 데리고 전시실로 향했다. 보미는 메모리 카드 안에 저장된 내용이 케이와 어떤 관계가 있는지 궁금했다. 하지만 혼자 이 박사를 따라간다고 할 수 없었다.

전시실로 들어서자 다양한 동물들이 울타리도 없이 모여 있었다. 보미는 전시실 한가운데 떡하니 서 있는 저어새가 케이인 줄 알고 깜짝 놀랐다. 하지만 모두 박제된 동물이었다. 박제 동물들은 살아 있는 동물들과 똑같아서 신기했다.

"살아 있는 동물 보고 싶어요. 동영상 보니까 있던데요."

현우가 재활 관리사에게 물었다.

"와! 넌 그런 걸 다 어떻게 알았어?"

장균이와 보미는 현우의 놀라운 검색 실력에 혀를 내둘렀다.

"구조 센터에 관심이 많은 친구네! 여름 방학에 자원봉사 프로그램도 있으니 그때 참여해도 좋겠는걸. 자, 그럼 우리 살아 있는 동물 조교들에게 가 볼까?"

"동물 조교가 뭐예요?"

장균이가 물었다.

"교육할 때 도움을 주는 동물들이야."

재활 관리사가 온통 철망으로 만들어진 집으로 아이들을 데리고 갔다. 철조망 안으로 들어가자 그 안은 다시 여러 칸으로 나뉘어 있었다. 새들이 한 칸에 한 마리, 같은 종류는 두세 마리도 함께 있었다.

"얘는 금눈쇠올빼미라고 해."

가만히 있는 금눈쇠올빼미는 마치 인형 같았다. 동그랗고 커다란 눈이 이름처럼 황금색이었고, 귀여웠다.

"얘는 사람들이 도로 공사를 하기 위해 돌산을 폭파할 때 둥지에 있다가 한쪽 날개를 다쳤어. 그래서 자연으로 돌아가지 못하고 여기서 조교가 됐어."

보미는 금눈쇠올빼미가 평생 우리에 갇혀 살아야 한다니 답답할 것만 같았다. 그리고 엄마, 아빠, 친구도 없이 외로울 것 같아 더 마음이 쓰였다.

"안타깝게도 이곳에 있는 동물들은 거의 다 사람들한테 피해를 보고 들어온 야생 동물들이야."

재활 관리사에게 그 말을 들으니 미안하기까지 했다.

"더 볼 곳 없어요?"

현우가 다시 재촉했다.

"어디를 가 볼까? 그래, 여기까지 왔으니까 우리 수술실도 가 보자."

재활 관리사와 함께 수술실에 다다랐을 때 수의사와 직원들이 담요로 싼 무엇을 안고 막 수술실로 들어가는 것이 보였다.

"잠깐만. 여기서 기다려 줄래?"

재활 관리사가 아이들에게 말했다. 그러고는 재활 관리사도 수술실로 들어갔다. 급박한 일이 생겼다는 것을 알 수 있었다. 텔레비전에서 보았던 응급실이 떠올랐다.

"얘들아, 오늘은 교통사고를 당한 고라니를 치료해야 해서 안에는 들어갈 수 없겠다."

금세 돌아온 재활 관리사가 아이들에게 전했다.

"네? 교통사고요?"

"응. 산길에도 도로가 생기다 보니 야생 동물이 교통사고를

많이 당하거든."

"고라니는 괜찮아요?"

"수의사 선생님이 치료하고 계시니까 괜찮아지길 바라야지."

그때 이 박사의 목소리가 들렸다.

"제가 동영상이 든 메모리 카드를 가지고 있습니다. 내일 뵙죠."

나무 그늘에서 방금 통화를 마친 이 박사가 보였다.

"이 박사님, 뭐 알아내셨어요?"

재활 관리사가 물었다.

"메모리 카드 안의 장소가 장 박사님이 연구하시던 서식지예요."

이 박사 표정이 처음과 다르게 많이 지쳐 보였다.

"그리고 메모리 카드는 장 박사님이 돌아가시기 전날 저장된 거였어요!"

"정말이요?"

재활 관리사도 눈을 크게 뜨며 놀란 표정이었다.

"이 박사님, 안색이 좋지 않아요. 오늘 사고도 있었고, 쉬셔야 할 것 같은데요."

"내일 기자들과 만나기로 했어요. 오늘은 그만 들어가 볼게요. 참! 여러분, 여기까지 오느라고 고생 많았어요. 택시 태워 줄 테니 타고 가요."

이 박사 목소리가 아까와 다르게 힘이 빠져 있었다.

"괜찮아요. 엄마가 데리러 오기로 하셨어요."

현우가 말했다.

"오늘 정말 고마웠어요. 우리 꼭 다시 만나요."

택시를 불러 타고 가는 이 박사를 아이들과 재활 관리사가 배웅했다.

"근데 저어새 서식지가 어디예요?

보미가 물었다.

"마을에서 똥섬이라고 부르는 곳이야."

재활 관리사가 대답했다.

"나 똥섬 아는데."

장균이가 말했다. 보미 머릿속에서 전설 속 똥섬과 저어새가 산다는 똥섬이 겹쳐져 하나가 되었다.

때마침 현우 엄마가 도착했다. 아이들은 차에 타자마자 기절하듯 잠에 빠져들었다.

누군가 흔들어 보미가 눈을 떴다. 엄마인 줄 알았다. 그런데 현우 엄마였다. 밖을 보니 벌써 할머니 집이었다.

"고맙습니다."

차에서 침까지 흘리며 잔 것이 부끄러워 보미는 얼른 차에서 내렸다.

보미는 저녁을 먹고 나자 피곤해 일찍 잠자리에 누웠다. 그런데 이상하게 잠이 오지 않았다. 메모리 카드에 있던 저어새 영상이 무슨 의미가 있길래 이 박사의 표정이 어두웠던 것인지, 케이에게 누가 위치 추적기를 달아 준 것인지, 궁금증이 꼬리에 꼬리를 물었다.

12
메모리 카드의 비밀

"똥섬에서 뭔가 냄새가 나."

다음 날 점심 급식을 먹으면서 현우가 말했다.

"야, 섬에서 무슨 냄새가 난다고 그래. 너 탐정 만화 너무 많이 본 거 아니야?"

장균이는 벌써 급식을 다 먹고 현우의 식판을 넘겨다 보며 말했다.

"봐 봐. 2년 전 똥섬에 너구리가 나타나고, 저어새가 떠나고, 장 박사님이라는 분도 돌아가셨어. 뭔가 이상하지 않냐?"

현우는 밤새 잠도 안 자고 인터넷 정보를 뒤졌는지 신문 기사와 저어새 사진 같은 것을 핸드폰에 여러 개 저장해서는 아이들에게 보여 주었다. 보미가 현우 핸드폰을 받아 들고 기사 하나를 열어 보았다.

"정말이네. 너구리가 섬까지 가서 저어새를 잡아먹다니. 근데 저어새를 연구하시던 박사님은 왜 돌아가신 거지?"

인터넷에서 본 장우주 박사는 머리가 하얗고 검은 테 안경을 쓴 아저씨였다.

"재활 관리사 누나는 알지 않을까?"

장균이가 말했다.

"맞다. 재활 관리사 누나가 있었지!"

현우가 무릎을 탁 쳤다. 곧바로 명함을 꺼내 전화했지만, 통화 중이었다.

"어! 이 박사님이다."

보미가 궁금한 마음에 저어새와 관련된 검색을 하다 이 박사가 등장하는 동영상을 발견했다. 장균이와 현우가 동영상을 보기 위해 다가왔다.

이 박사는 2년 전 장 박사가 남기고 간 메모리 카드를 발견했다고 했다. 거기에는 저어새 케이94의 일생이 담겨 있었고, 똥섬에 살던 저어새들이 너구리 때문에 서식지를 떠났다는 사실도 알 수 있다고 했다. 그런데 누군가 의도적으로 똥섬에 너구리를 들여보낸 것 같다고 했다.

"일부러 너구리를 똥섬에 들여보냈다는 말이 무슨 뜻이지?"

보미의 물음에 아이들도 까닭을 모르겠다는 듯 서로의 얼굴을 바라보았다.

보미는 메모리 카드에 담긴 영상이 모두 케이의 영상이라는 것이 놀라웠다. 메모리 카드의 영상을 다시 보고 싶었다. 보미가 재활 관리사에게 한 번 더 전화했지만, 회의 중이라는 문자만 왔다. 현우가 알려 준 기사 때문에 궁금증이 하나 더 늘었으나 아무 소득 없이 하루가 갔다.

"사람들이 왜 이렇게 많아?"

이튿날 통학 버스를 타고 집에 가는 길에 선착장을 내다보던 장균이가 말했다.

평소 보이지 않던 현수막도 많이 보였다. 한쪽에는 놀이공원을 환영하는 현수막이, 다른 쪽에는 강마을을 지키려는 현수막이 걸려 있었다. 마치 현수막끼리 소리를 질러 대며 싸우는 것 같았다.

보미는 현수막들을 보자 기분이 가라앉았다. 케이를 찾는 데 신경 쓰느라 잠깐 놀이공원 문제를 잊고 있었다는 것을 깨달았

다. 보미도 팻말에 '우리 할머니 집도 지켜 주세요'라고 써서 함께 외치고 싶었다.

"어! 이 박사님이다!"

장균이가 소리쳤다.

"아저씨! 아저씨! 우리 여기서 내려 주세요."

장균이가 자리에서 일어서며 기사 아저씨한테 큰 소리로 말했다.

"제자리에 앉아라. 여기는 차 세우는 곳이 아니다."

"아저씨 오줌 마려워요. 내려 주세요. 쌀 것 같아요."

장균이가 몸을 비비 꼬면서 말했다.

"에구, 학교에서 볼일 보고 올 것이지. 저기 선착장 가면 화장실 있다."

기사 아저씨가 선착장 근처에 차를 세웠다. 장균이가 아이들 어깨를 두드리며 함께 내리자고 눈짓을 했다. 보미와 현우도 찰떡같이 알아듣고 차에서 내렸다.

보미가 대포같이 커다란 사진기로 사진을 찍고 있는 이 박사를 발견했다.

"아줌마! 아니, 박사님."

아이들이 반가운 마음에 크게 소리쳤다.

"여러분이 여기 웬일이에요?"

"집에 가는 길이에요."

"잘됐다. 나도 여러분을 만나고 싶었어요."

"왜요?"

"맛있는 거 사 주고 싶어서요!"

"야호! 좋아요. 제가 맛있는 데 알아요."

장균이는 이 박사와 아이들을 읍내 분식집으로 안내했다.

배가 고팠던 장균이와 현우는 주문한 떡볶이와 만두가 나오자 허겁지겁 입으로 들이밀었다. 보미는 입맛이 없어 보였다.

"박사님, 궁금한 게 있어요. 2년 전 똥섬에서 무슨 일이 있었던 거예요? 저어새 케이 동영상은 뭐고, 장 박사님은 왜 돌아가신 거예요?"

보미가 궁금한 것을 한꺼번에 쏟아 놓았다.

"보미는 똥섬 얘기를 어디서 들었어요?"

"인터넷에서 찾아서 봤어요. 그리고 이 박사님 인터뷰한 것도 봤어요."

"어제 한 인터뷰를 벌써 봤다고요?"

이 박사는 물을 한 모금 마시고 이야기를 시작했다.

"똥섬에는 옛날부터 저어새들이 많이 살았어요. 그곳에서 장우주 박사님이 저어새를 연구하셨어요. 그런데 어느 날 갑자기 저어새들이 둥지를 버리고 하나둘 사라지는 거예요. 둥지에는 알도 있고 새끼들도 있는데 이상한 일이었죠. 박사님이 마침 섬에 설치한 카메라를 통해 봤더니, 너구리가 나타나 저어새 알과 새끼를 잡아먹는 것이 확인된 거예요. 위협을 느낀 저어새들은 둥지를 떠날 수밖에 없었던 거지요."

"너구리가 어떻게 섬에 갔어요?"

궁금한 것을 참지 못하는 현우가 끼어들었다.

"야! 이 박사님이 얘기하시잖아."

보미가 현우에게 주의를 주었다.

"너구리는 얕은 물을 헤엄치기도 해요. 바닷물이 썰물일 때는 들어갈 수도 있고요. 장 박사님이 그때부터 너구리를 잡기 위해 무척 애쓰셨어요. 먹이로 유인하는 포획 틀을 여러 곳에 설치했죠. 다행히 며칠 있다가 너구리를 잡았고, 잡은 너구리는 멀리까지 가서 풀어 줬어요. 그런데 너구리가 자꾸 나타나는 거예요. 박사님은 연구 때문에 워낙 바쁜 분이신데 너구리 퇴치 작업까지 혼자 하시다 보니 몸에 무리가 갔고, 지병까지 겹쳐서…… 돌아가시게 됐어요."

"너구리가 박사님을 돌아가시게 한 거네요? 나쁜 너구리."

장균이가 떡볶이를 씹다 말고 씩씩댔다.

"새를 오랫동안 연구하셨던 분인데 너무 슬픈 일이었죠. 그런데 여러분이 가져다준 메모리 카드 속 영상을 보니까 너구리가 스스로 섬에 들어간 것이 아니라 누군가 너구리를 섬에 들여보낸 것 같더라고요."

"정말이요? 우리도 그 영상 보고 싶어요. 궁금해요."

이 박사가 인터넷에 올려진 동영상 주소를 보미에게 문자로 알려 주었다.

"사람들한테 동영상 주소를 많이 퍼뜨려 줘요. 그래야 범인을 빨리 찾을 수 있으니까."

"그런데 사람들이 왜 너구리를 똥섬에 들여보내서 새들을 괴롭힌 걸까요?"

"음, 똥섬 주변을 개발하고 싶어 하는 사람들이 그런 것 아닐까요?"

"개발과 너구리가 무슨 관계예요?"

보미가 물었다.

"천연기념물인 저어새가 똥섬에 살면 개발을 할 수 없으니까 저어새를 쫓아내려고 누군가 너구리를 풀어놓았겠지."

장균이가 제법 똑똑하게 말했다.

"그럼 저어새 집을 사람들이 빼앗는 거네요?"

보미가 물었다.

"그렇지요."

"사실은…… 우리 할머니도 여기서 계속 살고 싶어 하시는데 놀이공원 때문에 쫓겨날 수도 있다고…….."

보미가 힘없이 말했다.

"왜?"

아이들이 이유를 모르겠다는 듯한 표정으로 보미 얼굴을 빤히 바라보았다.

"할머니한테 밭과 갯벌은 식량 창고인데, 그게 다 없어지면 할머니도 살 수 없다고…… 이사 갈 곳도 없다고…….."

보미 이야기를 듣고 이 박사가 보미 어깨를 토닥여 주었다.

"보미 할머니도 쫓아내고 저어새도 쫓아내는 놀이공원, 우리는 필요 없어!"

장균이가 말했다.

"맞아. 필요 없어."

현우도 맞장구쳤다.

"어른들 마음도 여러분 같으면 참 좋겠어요."

이 박사가 말했다.

"똥섬에 너구리를 풀어놓은 범인을 찾게 되면 어떻게 되는 거예요?"

보미가 물었다.

"범인을 찾고, 똥섬에 저어새들이 돌아온다면 똥섬도 지키고 보미 할머니 집도 지킬 수 있지 않을까요?"

"우리가 범인을 찾아보자!"

장균이가 씩씩하게 말하며 손을 내밀자 현우도 장균이의 넓

적한 손등에 손을 척 얹었다. 보미는 장균이, 현우가 고마웠다. 꼭 안아 주고 싶었다.

"박사님, 궁금한 게 있는데요."

보미 목소리에 힘이 생겼다.

"이 글자 무슨 글자인지 아세요?"

보미가 핸드폰의 사진을 이 박사에게 내밀었다.

"어디 보자. '안전지대'라고 쓴 것 같은데."

"어! 이거 용산에 있는 바위에 새겨진 글자다."

현우가 또 알은체를 했다.

"우리 할머니가 똥섬 전설을 들려줬는데요. 누구든 자기만 잘 먹고 잘살겠다고 욕심내서 자연을 망가뜨리면 용산에서 잠을 자던 용이 깨어나 해일을 일으켜 세상을 처음으로 되돌려 놓는다고 했어요. 해일이 일어나면 산으로 도망쳐야 하는데, 어떤 바위까지 가야 살 수 있댔어요. 옛날 사람들이 그 위치를 후손들에게 알리기 위해 바위에 표시를 했는데, 이 글자가 그 표시 같아요."

보미가 설명했다.

"와! 그거 실화야?"

현우가 물었다.

"전설이야."

장균이가 말했다.

"실화 같아. 그럼 용산을 헐어서 바다를 메우면 해일이 일어나겠네. 사람들이 도망칠 곳도 없어지고."

현우가 말했다.

"어머나! 나 소름 돋았어."

이 박사가 소름 돋은 팔을 비비며 말했다.

"비슷한 일이 일본에서도 정말 일어났었거든요. 여러분이 태어나기 전에 생긴 일인데요, 일본에 커다란 쓰나미가 오고 지진이 나서 핵 발전소도 망가지고 마을도 다 쓸려 내려간 일이 있었어요. 실제로 그 마을 사람들은 근처 산으로 피신했는데, 거기에도 이런 비석이 있었대요. 비석에는 '여기보다 아래에는 집을 짓지 말라'고 쓰여 있었고요."

"정말이요? 그럼 용산을 지켜야겠네요."

아이들이 이구동성으로 외쳤다.

보미는 집에 돌아와 이 박사가 알려 준 동영상을 찾아보았다. 동영상은 세 개로 이루어져 있었다. 그중 첫 번째는 케이가 어릴 적 바위 아래로 굴러떨어졌다가 둥지를 찾아가는 장면이었다. 보미는 케이가 안쓰럽고 걱정되어 저도 모르게 주먹을 꼭 쥐었다 폈다 반복하며 영상을 보았다. 어린 케이가 가족 품으로 돌아갔을 때는 아기 새한테서 어떻게 그런 힘이 나왔을까 대견하기도 했다. 그리고 아픈 엄마가 생각났다. 엄마에게 전화를 걸었다.

"보미야, 이 시간에 웬일이야? 무슨 일 있니?"

"아니, 엄마 목소리 듣고 싶어서."

"정말 아무 일 없는 거야?"

"아무 일 없어. 엄마, 나 얼마나 씩씩해졌는지 알아? 밥도 잘 먹고, 학교도 잘 다니고 친구들도 많이 사귀었어. 나는 잘 지내고 있으니까, 엄마도 빨리 건강해져야 해."

"그럼, 그럼. 엄마도 우리 보미 빨리 보려고 운동도 열심히 하고 치료도 잘 받고 있어. 엄마 목소리 듣고 싶으면 언제라도 전화해."

"응. 엄마, 잘 자."

보미는 눈물이 나려는 것을 꾹 참고 얼른 전화를 끊었다.

보미는 잠깐 엄마 생각을 하다 이어 영상을 보았다. 두 번째 영상은 케이의 다리에 가락지를 채우는 장면이었다. 범인이 나오는 장면은 세 번째 영상에 있었다. 영상 끝에 사람 말소리가 나오고 '컥', '칙칙' 같은 불쾌한 소리가 귀에 거슬리게 들렸다.

정확히 무슨 소리인지는 알 수 없었다. 보미는 영상을 몇 번 더 돌려 보다가 스르르 잠이 들었다.

13
탄생

"아가야 어서 나와. 엄마가 바다도 보여 주고 하늘을 나는 법도 알려 줄게."

도도는 날개를 펴 알들에게 그늘을 만들어 주었다. 벌써 30분째 같은 자세였다. 뜨거운 햇살에 알이 너무 데워지지 않도록 부리로 알을 정성스럽게 굴리는 일도 잊지 않았다. 도도는 알을 깨고 나오려는 새끼의 신호를 놓치지 않기 위해 알 속에서 나는 소리에 귀 기울였다. 햇볕이 따가웠지만, 곧 태어날 아기를 생각하면 모두 참을 만했다.

도도는 다시 알을 가슴에 품고 앉았다. 알을 품는 중에도 요

리조리 둥지를 살폈다. 그러고는 나뭇가지를 조금씩 움직여 둥지를 꼼꼼하게 매만졌다.

"도도, 오래 기다렸지?"

진진이 가까이 와 부를 때까지 도도는 진진이 오는 것을 알아차리지 못했다.

"진진! 어서 와. 고생했어."

진진은 도도와 부리를 맞대며 인사를 건넸다.

"색깔이 아주 예쁘다. 어디서 이런 걸 가져왔어?"

도도는 진진이 부리로 물고 온 파란색 비닐 끈이 마음에 들었다.

"우리가 지난번에 갔던 곳에서 가져왔어."

"아, 거기. 냄새나는 곳! 사람들이 쓰던 물건을 버려두는 데?"

"매번 새로운 물건들이 들어오니까 가끔 쓸 만한 물건도 보이더라고."

진진과 도도는 파란색 비닐 끈을 마주 잡고 둥지에 어떻게 놓을지 의논했다.

"부드러워서 아주 좋아."

둘은 파란색 비닐 끈을 둥지 가운데 바닥에 깔기로 결정했다.

"도도가 좋다니 기분이 좋다. 내일 더 많이 주워 올게."
"진진, 소리가 들려!"
도도와 진진은 첫 번째 알에서 나는 소리에 귀를 기울였다. 도도는 조심스럽게 알을 부리 끝으로 톡 건드렸다. 알에 작은 구멍이 났고 알 안쪽에서 새끼 부리 끝의 뾰족한 돌기가 보였다.
"아가야, 힘내!"
알의 구멍 옆으로 실처럼 작은 금이 가기 시작했다.
"도도, 내가 잘 보고 있을 테니까 어서 밥 먹고 와."
"응. 고마워."

새끼는 한나절 넘게 조금씩 조금씩 알을 깨고 힘겹게 세상으로 나왔다. 진진은 새끼가 알을 깨고 나오는 순간을 여러 번 보았지만, 매번 아슬아슬하고 감격스러웠다.
첫째가 탄생하자 도도와 진진은 바빠졌다. 새끼에게 부지런히 먹이를 갖다줘야 했다. 앞으로 나올 새끼까지 모두 셋을 키워 내려면 둥지도 더 넓혀야 했고, 비가 오면 비를 햇볕이 뜨거우면 볕을 가려 줘야 했다. 그러니 세 배 이상 부지런해야 했다.
진진은 첫째에게 먹이를 주기 위해 자신의 부리를 첫째 부리에 갖다 댔다. 첫째는 당근 같은 부리를 진진의 부리에 대고 톡

톡 쳤다. 새끼 부리의 말랑말랑한 느낌이 그대로 전달돼 진진은 간지러웠다. 진진은 바다 향이 살아 있는 칠게와 망둑어를 첫째에게 내주었다. 첫째가 먹이를 먹는 것만 보아도 진진은 배가 부른 듯했다.

도도와 진진의 둥지 교대 시간이 점점 빨라졌고 둥지에 머무는 시간은 줄었다. 도도는 진진과 둥지를 교대하고 바닷물이 빠져나가고 있는 갯벌로 날아갔다.

멀리 모래 언덕이 보이는 곳에 배 한 척이 떠 있는 게 보였다. 도도는 배와 멀리 떨어진 데서 먹이 활동을 하기로 했다. 벌써 많은 새들이 먹이 사냥을 하느라 분주했다. 도도는 물에 덥석 뛰어들지 않고 잠시 기다렸다. 먹이터에 위험한 물건이 있는지 눈으로 먼저 훑어 확인하기 위해서다. 똥섬에 너구리가 출몰했던 건 벌써 2년이나 지난 일이지만, 도도는 불현듯 그때 기억이 떠올랐다.

그때 도도는 밀물을 따라 먹이 활동을 하고 있었다. 그런데 그만 부리에 낚싯줄이 걸리고 말았다. 낚싯줄을 풀어 보려고 안간힘을 쓰다가 발목까지 낚싯줄에 엉켜 날 수도 걸을 수도 없었다. 마침 똥섬에 너구리를 잡으러 나온 흰머리 아저씨를 만났다. 흰머리 아저씨는 낚싯줄에 걸려 오도 가도 못하는 도도를 데리고 연구소로 갔다. 도도는 새끼들을 똥섬에 놔두고 죽게 되었다고 생각했다. 그런데 흰머리 아저씨는 낚싯줄을 풀어 주고 상처 난 곳에 약을 발라 주었다.

"케이94, 네 다리에 가락지를 달아 준 것이 벌써 10년이 다 되었구나. 이렇게 다시 만난 것을 보면 우리 인연이 참 깊은 것 같다. 건강하게 오래오래 살아라."

도도는 머리가 하얗게 센 아저씨의 모습이 낯설어 10년 전 가락지를 달아 준 사람이라는 사실을 몰랐다.

"무겁지는 않지?"

흰머리 아저씨는 도도의 등에 뭔가를 달아 날개에 끈을 연결했다.

"마침 네 기록을 편집하던 중이었어. 너를 만나려고 그랬나 보다. 너는 아주 특별한 존재야. 이 메모리 카드는 내가 주는 선물이야. 어디 가든 너를 증명해 줄 거야."

도도는 아저씨 말을 모두 알아들을 수는 없었지만, 자신을 보살피며 아낀다는 것만큼은 느낄 수 있었다.

도도는 그 뒤에 아저씨를 만나면 건강한 모습을 꼭 보여 주고 싶었다. 똥섬 주변에 배가 지나가면 혹시 아저씨가 있지 않을까 하고 배에 탄 사람들을 살펴보기도 했지만 흰머리 아저씨는 다시 볼 수 없었다.

'툭!'

도도가 생각에 잠겨 있는데 부리에 뭔가 와서 부딪혔다. 고개를 들어 보았다.

"너희들이 여기 어떻게?"

도도가 연꽃마을까지 동행한 아이들이 똥섬 앞바다까지 온 것이다.

"뭐예요. 맛있는 거 많은 데 있으면 알려 줘야죠. 이렇게 혼자서 먹기예요?"

"그게 아니라……."

도도는 건강한 아이들을 보자 여러 가지 감정으로 가슴이 벅차올랐다.

"농담이에요. 우리도 이제 곧 어른이라고요. 설마 우리를 멀리하려던 건 아니죠?"

"물론 아니지."

아이들은 그사이 훌쩍 큰 듯했다. 도도는 아이들을 만나니 천군만마를 얻은 듯 든든했다.

14
목소리

주말이 되자 보미는 심심했다. 핸드폰으로 저어새를 검색하고 있는데 장균이한테 전화가 왔다.

"현우랑 우리 할아버지 배 타고 똥섬에 갈 건데, 같이 갈래? 현우 엄마가 차 태워 주신다고 했으니까 집에서 기다려."

"정말? 알았어."

보미는 케이를 만날 수 있을 것 같은 생각에 마음이 하늘로 두둥실 떠오르는 기분이 들었다.

선착장에 가자 장균이 할아버지가 보미를 기다리고 있었다. 가무잡잡하고 살 없는 몸에 넓은 어깨, 팔뚝에 불거져 나온 핏

줄, 굵은 손가락 뼈마디, 무엇보다 네모난 얼굴이 장균이와 닮았다. 말하지 않아도 장균이 할아버지라는 것을 단박에 알 수 있었다.

"재미나게 놀다 와라."

할아버지가 과자며 라면이 든 커다란 봉지를 장균이한테 건네며 말했다.

"할아버지 배 타는 거 아냐?"

장균이가 어안이 벙벙한 표정으로 물었다.

"갑자기 단골 낚시 손님이 오는 바람에 김 선장에게 부탁해 두었다. 김 선장이 개막이 나간다고 해서."

장균이 얼굴에 실망한 빛이 뚜렷했다. 할아버지는 김 선장의 배까지 아이들을 배웅했다. 아이들이 배에 올라타자 김 선장이 아이들에게 두툼한 주황색 구명조끼를 나눠 주었다.

"빨리빨리 입고 출발하자. 컥, 퉤."

김 선장이 바다에 침을 뱉었다. 그러고는 모자를 벗고 이마의 땀을 닦았다.

"아!"

모자와 선글라스를 쓰고 있어서 처음에는 알아보지 못했지만, 김 선장은 바로 할머니 집에도 찾아왔던 이장 아저씨였다.

현우는 배를 타자마자 완전히 들떴다. 현우가 과자를 한 주먹 꺼내 갈매기에게 던졌다.

"어! 갈매기한테 왜 과자를 주는 거야!"

장균이가 나무랐지만 현우는 멈추지 않았다. 처음에는 갈매기 몇 마리만 배를 쫓아 왔는데 어느새 수십 마리로 불어났다. 현우가 과자를 허공에 던질 때마다 갈매기들이 날아올랐고 보미도 함께 소리를 질러 대며 웃었다.

과자가 바닥나자 현우가 몸을 긁적이며 자리에서 일어나 배 여기저기를 돌아다녔다.

"어어! 왔다 갔다 하면 위험하니까 가만히 있거라."

이장 아저씨가 현우에게 주의를 주었다.

아저씨가 바다 한가운데에서 배의 시동을 껐다. 귀를 시끄럽게 긁어 대던 엔진 소리가 멈추자 갑자기 온 세상이 멈춘 듯 고요했다. 마치 다른 세계에 들어선 것 같았다. 아저씨는 배에 실려 있던 녹이 잔뜩 슨 닻을 바다에 내렸다.

보미가 눈을 가늘게 뜨고 똥섬이 어디쯤인지 찾아보았다. 멀리 동그란 섬에 희끗희끗한 것이 보이는 것 같기도 했다.

아저씨가 선장실에서 나와 바다를 바라보며 다시 침을 "컥!" 뱉었다. 보미는 고개를 돌렸다.

"시골에 오니 어떠냐? 도시보다 시시하지? 놀러 갈 데도 없고 백화점도 없고."

아저씨가 무슨 말을 하려고 하는지 몰라 아이들은 그저 듣고만 있었다.

"커다란 놀이공원이 들어오면 마을이 확 달라질 거야."

"……."

"너희는 놀이공원이 싫으냐?"

아이들이 반응이 없자 아저씨가 다시 물었다.

"우리 할아버지는 물고기 못 잡는다고 걱정하시던걸요."

장균이가 말했다.

"그러게나 말이다. 할아버지가 아직 결정을 못 하고 계시니, 나 원 참. 아들 며느리 교통사고로 잃고 배 부릴 사람도 없으니……. 장균이 너를 위해서라면 땅을 팔아서라도 도시로 나가셔야지. 쯧."

보미는 지금 무슨 얘기를 들은 것인지 귀를 의심했다. 그러고 보니 장균이에 대해 아는 것이 하나도 없었다. 아이들이 처음 보미 집에 왔을 때 장균이가 반색을 하며 할머니와 함께 사냐고 묻던 표정이 생각났다. 보미와 현우는 무슨 말을 해야 할지 몰라 장균이 얼굴만 빤히 바라보았다.

"그렇게 쳐다보지 마. 엄마 아빠는 내가 너무 어릴 적에 돌아가셔서 기억도 안 나. 나는 할아버지 할머니만 계시면 돼."

"어이쿠, 내가 괜한 소릴 했네. 아저씨랑 개막이 가자."

아저씨가 어색하게 말을 돌렸다.

"갯벌에 세워 둔 그물에 걸린 물고기 가지러 가자는 말씀이야. 같이 가자. 재미있어."

아이들이 가만히 있자, 장균이가 애써 밝은 표정으로 다시 아이들을 부추겼다. 그제야 아이들은 서로 눈치를 보면서 같이 가겠다고 했다.

'칙칙.'

아저씨가 라이터로 담배에 불을 붙였다.

"컥, 퉤!"

그러고는 침을 또 뱉었다.

"고기 털러 갈 사람은 여기 장화 신어라. 빨리빨리."

아저씨가 선장실에서 장화를 꺼내 주었다.

보미는 '빨리빨리'라는 말소리가 귀에 익었다. 그 순간 머리카락이 쭈뼛 섰다. 지난밤 영상에서 들었던 소리가 떠올랐다. '빨리빨리'는 아저씨 말투와 똑같았다. 영상에서 '칙칙' 하는 소리가 무슨 소리일까 무척 궁금했는데 꼭 라이터 켜는 소리 같았다.

"다 신었으면 작은 배로 옮겨 타라. 빨리빨리."

아저씨가 배 뒤에 달고 온 쪽배를 큰 배에 바짝 당기더니 아이들에게 타라고 했다. 보미가 장균이 팔을 잡아당겼다.

"나는 여기 있을게."

보미는 아저씨가 똥섬에 너구리를 푼 범인 같다는 말은 할 수 없었다. 아저씨가 너무 가까이 있었기 때문이다.

"너는 안 가나? 빨리빨리 타라."

"저는 배에서 쉴게요."

보미가 기어들어 가는 소리로 대답했다.

"우리가 물고기 많이 잡아 올게!"

현우는 들뜬 표정으로 소리쳤다.

아저씨가 낚싯배에 이어져 있는 쪽배의 밧줄을 풀어내고 노를 저어 바다 한가운데로 나아갔다. 그때 이장 아저씨가 장균이 등을 바다로 떠미는 것이 보였다.

"어머!"

보미가 눈을 질끈 감았다 떴다. 그런데 장균이는 바다에 빠지기는커녕 물 위에 아무렇지도 않게 서 있었다. 보미는 눈을 의심했다. 현우는 장화 신은 발로 물을 튀기며 어린아이처럼

장난을 쳤다. 보미가 눈을 비벼 다시 보았다. 세 사람 모두 물 위를 걷고 있었다.

 세 사람이 걸음을 멈춘 곳에는 여러 개의 장대가 간격을 맞춰 서 있었다. 장대와 장대 사이에는 그물이 걸려 있었다. 장균이가 많이 해 본 듯 그물에 걸린 물고기를 떼어 커다란 통에 담았고 현우는 장균이를 껌딱지처럼 따라다니며 여전히 몸을 긁적였다.

 시간이 조금 지나자 장균이와 현우가 있던 곳이 모래 언덕으로 드러나기 시작했다. 그제야 보미는 아이들이 마술처럼 바다 위에 서 있었던 까닭이 이해되었다. 바다 한가운데 있는 모래 언덕은 신기했지만, 보미는 어서 집으로 돌아가고만 싶었다.

 "우리 고기 많이 잡아 왔지?"

 배로 다시 돌아온 장균이와 현우는 기분이 무척 좋아 보였다. 장균이와 현우는 아저씨를 돕는다며 물고기를 담은 커다란 함지박을 낑낑거리며 옮겼다. 그 사이 세 사람이 무척 친해진 것 같았다.

 보미는 아저씨가 할 일을 마쳤으니 이제 곧 똥섬에 가겠지 생각했다. 그런데 아저씨는 배에 시동을 켜지 않았다. 대신 칼과 도마를 꺼내서 생선을 다듬기 시작했다. 생선에서 빼낸 내장을 바다에 버리자 갈매기들이 몰려왔다.

"요놈들 봐라. 사람 먹고살기도 힘든데, 아주 떼로 몰려다니며 난리네. 컥, 퉤."

보미는 아저씨 음성을 들을 때마다 오싹오싹했다.

"장균아, 우리 똥섬은 언제 가?"

보미가 장균이만 들리도록 소곤소곤 물었다.

"똥섬은 육지로 나가는 길에 볼 거야."

장균이 대신 아저씨가 대뜸 대답했다. 그리고 생선 배를 가르던 칼로 똥섬을 가리켰다. 칼끝이 섬뜩했다.

"똥섬은 왜 가는 게냐?"

아저씨가 물었지만, 보미는 차마 솔직하게 말할 수 없었다.

"저어새가 왔는지 보려고요. 얘네 집에 저어새가 날아왔는데 그 새를 찾아보려고요."

장균이는 안 해도 될 말을 신나게 지껄이기 시작했다. 보미는 장균이가 그만 입을 다물어 주길 바랐다.

"새가 없을 텐데……."

아저씨가 혼잣말했다. 장균이는 위치 추적기를 야생 동물 구조 센터에 갖다준 얘기도 하기 시작했다.

"장균아, 저거 무슨 새야?"

보미가 장균이 말을 끊었다.

"갈매기지. 그것도 몰라?"

장균이가 오늘따라 말이 많았다. 보미는 배에서 빨리 벗어나고만 싶었다. 장균이가 말을 이었다.

"그리고 메모리 카드 안에……."

"김장균! 웩!"

보미가 소리를 꽥 지르며 자리에서 일어났다. 그와 동시에 구역질이 나왔다. 아침에 먹었던 음식물까지 다 게워 내고서 보미는 자리에 주저앉고 말았다.

"어디 아픈 거야?"

장균이가 물었다.

"속이 메슥거려. 빨리 집에 가고 싶어."

보미가 겨우 답했다. 보미의 창백해진 얼굴을 보고 아저씨가 낚싯배 쪽으로 쪽배를 끌어당겨 바짝 붙였다.

"바닷물 깊이가 낮아서 큰 배는 탈 수가 없어. 이거라도 타고 나가자."

장균이가 보미를 먼저 쪽배에 태웠다. 집으로 돌아간다고 생각하니 보미의 마음에 일었던 불안이 조금 잦아들었다. 보미는 점점 멀어져가는 똥섬을 아쉬운 눈빛으로 바라보았다.

15
범인은 누구?

아이들은 다음 날 학교 수업이 끝난 뒤 이 박사가 알려 준 동영상을 함께 보았다. 보미가 똥섬에 너구리를 푼 범인이 이장 아저씨 같다고 해서 확인하기 위해서였다.

"새들이 정말 많다. 옛날에는 똥섬이 새들의 천국이었네."

장균이와 현우는 영상을 보며 중계하듯 말을 이어갔다.

"사람은 언제 나와?"

"기다려 봐. 주변이 어두워지면 나와."

동영상을 여러 번 돌려 본 보미가 말했다.

배경이 어둑해질 때 동물 하나가 휙 지나가자 새들이 우왕좌

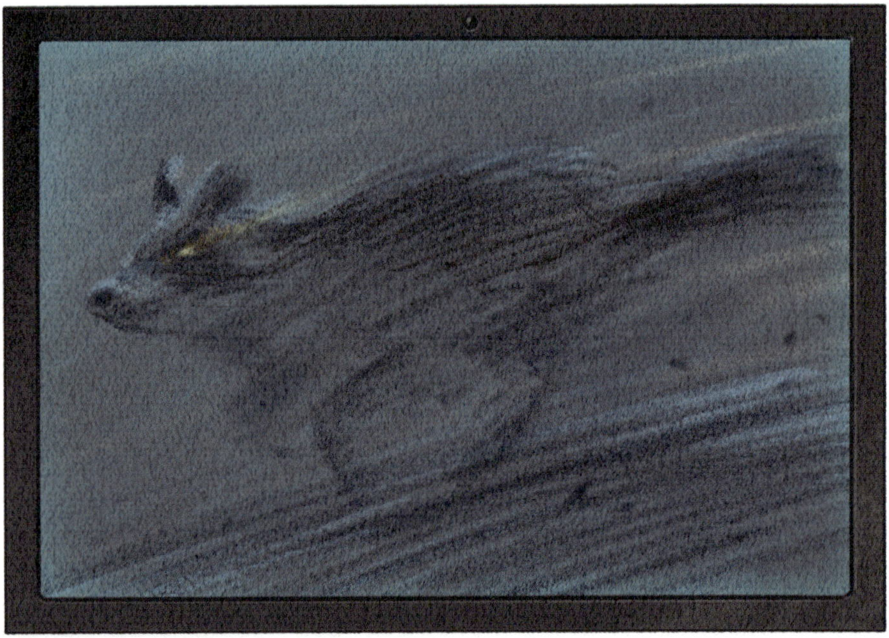

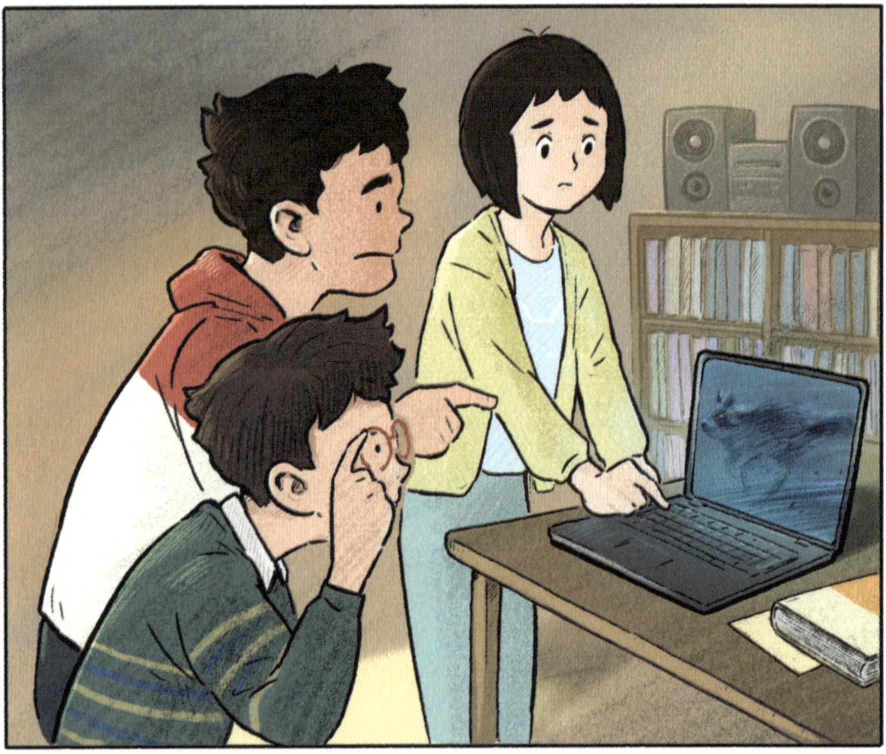

왕하며 파드닥 날았다.

"밤이라 색깔이 희미하지만, 너구리 맞지?"

"그래. 주둥이가 삐죽 나오고 꼬리도 아주 두툼해."

"잘 들어 봐. 소리도 곧 들릴 거야."

보미가 소리를 키웠다.

'칙칙.'

"컥, 퉤."

그리고 조금 뒤 말소리도 들렸다.

"빨리빨리."

보미와 아이들은 소리를 정확하게 듣기 위해 영상 뒷부분을 반복해 돌려 보았다.

"근데 저 소리만으로 이장 아저씨가 범인이라고 하긴 좀 그렇다."

현우가 고개를 갸우뚱하며 말했다.

"이장 아저씨는 그럴 분이 아니야."

장균이가 손으로 턱을 고이고 표정 없이 말했다.

"이장 아저씨를 가까이서 볼 수 있는 방법이 있으면 좋겠는데."

현우가 말했다.

"어판장에 이장 아저씨가 하는 생선 가게가 있기는 해."

장균이가 일러 주었다.

"좋았어! 우리 내일 거기 가서 아저씨를 관찰해 보자."

"그거 스토커가 하는 짓 아니야?"

"스토커라니! 멀리서 지켜보기만 할 건데. 아저씨를 귀찮게 하지만 않으면 되잖아."

현우가 발끈했다.

이튿날 아이들이 찾아간 어판장은 선착장 바로 옆에 나란히 붙어 있었다. 어판장에는 살아 있는 생선부터 말린 생선, 젓갈, 조개 같은 것을 파는 작은 가게들이 여럿 늘어서 있었다. 어판장은 평소보다 많은 사람들로 북적댔다. 개발을 찬성하거나 반대하는 문구가 적힌 현수막이 엉켜서 펄럭였다. 전단지를 돌리며 의견을 외치는 사람들도 있었다.

"오는 날이 장날이네."

장균이가 말했다.

이장 아저씨 가게 앞에는 '개인 사정으로 금일 휴무'라고 급하게 휘갈겨 쓴 종이쪽지가 붙어 있었다.

"얘들아, 무슨 볼일이라도 있는 거야? 어! 장균이가 여긴 웬

일이야?"

옆 가게에서 아줌마가 파리채를 들고나오다가 장균이를 보고 알은체를 했다.

"안녕하세요. 수…… 숙제할 게 있어서요."

장균이가 더듬거리며 말했다.

"숙제? 무슨 숙제? 우리 가게 와서 해."

아무것도 모르는 아줌마는 아이들을 손짓으로 불렀다.

"그냥 돌아갈까?"

장균이가 고개를 푹 숙이며 자신 없는 표정을 지었다.

"오늘은 그냥 저 아줌마네 가서 조사하는 척하고 아저씨 가게 문 열면 또 오자. 어때?"

보미 말에 아이들이 눈빛을 주고받았다. 아이들은 옆 가게로 가서 아줌마에게 허리를 굽혀 공손하게 인사부터 했다.

"예의 바르기도 하지. 숙제가 뭐야?"

"여기서 잡히는 생선에는 어떤 것들이 있는지 조사하는 거예요."

"그런 거라면 우리 장균이가 더 잘 알 텐데. 장균아, 어때?"

아줌마의 느닷없는 질문에 도둑이 제 발 저린 것처럼 장균이는 바짝 긴장했다.

"농담이야. 농담. 하하. 우리 장균이가 어느새 이렇게 커서 할아버지가 아주 든든하시겠어. 사진 찍고 싶으면 맘대로 찍어도 돼. 생선 이름도 물어보고."

"근데 저 가게는 왜 문을 닫았어요?"

현우가 손가락으로 이장 아저씨 가게를 가리켰다.

"아, 이장님 딸이 무슨 병인가…… 이름을 듣고도 까먹었네. 암튼 희귀한 병에 걸린 딸이 있는데 어제저녁 갑자기 하늘 나라로 갔다잖아. 서른도 안 됐다는데 참 안타깝지 뭐냐. 사는 게 뭔지, 아휴."

아줌마는 자기 일처럼 한숨을 깊이 쉬었다. 그때 아줌마 가게 앞으로 피부가 가무잡잡하고 몸이 호리호리한 외국인이 지나갔다.

"빨리빨리, 어디 가?"

아줌마가 외국인에게 알은체하자 외국인이 아줌마한테 고개를 숙여 인사했다.

"저 아저씨 별명이 빨리빨리예요?"

"응. 이장님 가게에서 일하는데, 오늘 문을 닫아서 쉬는가 했더니 일을 잘하니까 벌써 누가 일손으로 불렀네."

아줌마가 묻지도 않은 얘기까지 해 주었고 아이들 눈이 일제

히 외국인을 쫓아 움직였다.

"너희도 빨리빨리 숙제해야지. 생선 이름만 필요해? 조개 종류도 많아. 여기 봐 봐."

아이들은 아줌마 가게에서 대충 사진을 찍고 가게를 빠져나왔다. 그런데 현우가 아까 외국인 아저씨가 들어갔던 가게 안으로 쏙 들어갔다.

"정현우 어디 가?"

현우의 돌발 행동에 놀란 장균이가 쫓아갔다. 보미도 장균이를 뒤따라갔다.

"빨리빨리 아저씨!"

현우가 외국인 아저씨를 불렀다. 아저씨가 생선 손질을 하다가 현우를 바라봤다. 현우가 아저씨한테 다가가 핸드폰 화면을 보여 줬다.

"아저씨 얘 누군지 알아요?"

"너굴……?"

외국인은 현우의 핸드폰 사진을 보더니 알은체를 했다. 그러면서 팔을 보여 줬다. 아저씨 팔에 기다랗게 긁힌 상처가 남아 있었다. 그러고는 하던 일을 계속했다.

"현우야, 뭐 해?"

장균이가 다가가 묻자, 현우가 검지를 입술에 갖다 댔다. 현우가 이끄는 대로 아이들은 버스 정류장까지 말없이 따라갔다.

"빨리빨리 아저씨가 공범이야."

버스 정류장에 도착하자 현우가 참았던 말을 했다.

"영상에서 이장 아저씨가 빨리빨리라고 얘기한 게 뭔지 여태 궁금했어. 혼자라면 그런 말을 할 필요가 없잖아. 공범이 있다는 얘기지. 근데 빨리빨리가 사람 별명일 줄은 몰랐어. 혹시나 하고 빨리빨리 아저씨한테 너구리 사진 보여 줬더니 너구리를 금방 알아보잖아. 팔에 너구리에게 긁힌 것 같은 상처도 있고. 분명히 이장 아저씨와 빨리빨리 아저씨는 공범이야."

"이장 아저씨는 그런 사람이 아닌 줄 알았는데……."

장균이 얼굴이 일그러졌다.

보미가 이 박사에게 범인을 알리기 위해 전화하려는 순간 전화가 왔다. 이 박사였다. 텔레파시가 통했다고 생각했다.

"보미, 내일 오후에 똥섬에 갈 건데 함께 갈래요?"

"네! 아이들하고 같이요?"

"물론이죠."

이 박사는 아주 바쁜 모양이었다. 그 말만 하고 전화가 끊겼다. 보미는 범인 얘기는 직접 해야겠다고 생각했다.

16
케이를 찾아서

다음 날 보미는 두근거리는 마음으로 선착장으로 갔다. 이번에는 정말로 케이를 만날 수 있기를 기도했다.

아이들은 장균이 할아버지 배에 타서는 구명조끼를 알아서 척척 잘 입었다.

"이 박사님, 똥섬에 너구리를 푼 범인이 아무래도 이장 아저씨 같아요."

보미가 먼저 말을 꺼냈다.

"이장 아저씨? 그분은 장 박사님이 새를 연구하실 때 배를 태워 주시던 분인데?"

이 박사가 놀라며 되물었다.

"정말요?"

아이들도 놀라기는 매한가지였다.

"저희가 동영상을 확인해 봤거든요. 이장 아저씨는 자주 침을 뱉는 습관이 있고 라이터를 켜서 담배도 잘 피워요. 그리고 결정적으로 빨리빨리라는 별명을 가진 직원이 있는데, 그 아저씨 팔에 너구리에게 긁힌 것 같은 자국이 있어요."

"정말이니? 장 박사님이 새를 위해 얼마나 헌신한 분인지 누구보다 잘 아는 사람이 그런 일을 하다니. 정말……."

이 박사는 눈시울까지 붉어져서는 더 이상 말을 잇지 못했다.

"쯧쯧. 그 사람 참. 딸이 아파서 돈이 필요하다더니."

장균이 할아버지가 고개를 저으면서 혀를 찼다.

"그게 무슨 말씀이세요?"

이 박사가 할아버지에게 물었다.

"김 선장이 이장이라고 나서서 마을 사람들한테 서명받으러 다녔잖소. 그게 다 개발 업체서 돈 받고 한 거 아니겠소. 돈 때문에 똥섬을 개발하는 일에 앞장선 거지. 쯧쯧."

"이장 아저씨 너무해요. 돈 때문에 새들이 사는 곳을 없애다니."

보미가 분해서 장균이 할아버지 말씀에 끼어들었다.

"그럼, 마을 분들도 그런 내용을 아세요?"

"김 선장이 똥섬에 너구리까지 풀어놓은 줄은 몰랐지. 마을 발전을 위해서 누구보다 노력하는 것처럼 하더니."

"마을 분들도 모두 이장 아저씨처럼 개발을 원할까요?"

"뭐 사람마다 생각하는 것도 다르고 사정들이 다르니까. 찬성하는 사람도 있고 반대하는 사람도 있고 그렇지."

할아버지가 안타까워하며 말했다.

"그럼 이장 아저씨를 경찰에 신고해야 하나요?"

장균이가 이 박사에게 물었다.

"네. 경찰에서 여러분이 알아낸 증거로 이장 아저씨가 범인인지 아닌지 밝혀 줄 거예요."

보미는 이장 아저씨가 경찰에 잡혀간다니 기분이 좋지만은 않았다. 하지만 더 걱정되는 것이 있었다.

"똥섬은요? 저어새들은 어떻게 되는 거예요?"

보미가 불안한 표정으로 물었다.

"보미가 케이94를 많이 걱정하고 있구나! 똥섬에 새들이 다시 찾아오고, 멸종 위기에 처한 천연기념물 새들이 그곳에 산다는 것이 밝혀지면 나라에서 똥섬의 새들을 보호하기 위해 많은 관심을 가질 거예요. 여러분 노력이 헛되지 않도록 우리 어른들도 함께 힘쓸 거고요."

이 박사의 말을 듣고 나서야 초조하던 보미의 마음이 조금 누그러졌다.

"사실은 여러분에게 중요한 얘기를 하려고 해요."

아이들이 살짝 놀란 눈으로 이 박사를 주목했다.

"여러분 덕에 케이94의 이동 경로가 밝혀졌어요. 그동안 잘 알지 못하는 경로가 기록되어서 궁금했거든요. 여러분이 가져다준 위치 추적기로 그게 케이94의 경로라는 것을 알게 된 거예요. 장 박사님이 케이94에게 위치 추적기를 달아 준 다음 날 돌아가셔서 기록에서 빠졌던 거죠. 결국 모든 게 제자리를 찾았어요. 여러분 덕분이에요."

이 박사의 말에 보미 어깨가 절로 으쓱 올라갔다.

어느새 배가 똥섬이 보이는 곳에 다다랐다. 할아버지는 배의 시동을 껐다. 이 박사가 아이들 목에 쌍안경을 하나씩 걸어 주고는 보는 법을 알려 주었다.

"똥섬에 저어새들이 많이 보여요."

"맞아요. 연꽃마을에 있던 저어새 이십여 마리가 다른 곳으로 이동했다고 하더니 딱 그만큼 이곳에 저어새들이 늘었어요."

"와, 저 어새들이 똥섬을 지키려고 이곳에 왔나 봐."

현우와 장균이가 이야기를 하는 사이 보미는 케이를 찾아보았다.

"박사님, 빨간 가락지를 단 저 어새가 있어요. 케이 같아요."

이 박사는 커다란 카메라로 새를 자세히 들여다보았다.

"어! 맞아요. 케이예요!"

보미는 가슴이 두근댔다. 케이가 둥지까지 짓고 새끼도 키우는 것을 보니 자신이 한 일도 아닌데 자랑스러웠다.

"새끼가 두 마리다."

현우가 쌍안경을 들여다보면서 얘기했다.

"어! 나는 세 마리가 보이는데. 근데 이상해요. 한 마리가 둥지에서 움직이지 못하는 것 같아요."

보미가 이 박사를 보고 말했다.

"그러게요. 나도 보여요. 두 마리는 먹이를 달라고 보채는데, 다른 녀석은 어디가 아픈 걸까요?"

"박사님이 섬에 들어가서 확인하면 안 돼요?"

"새들이 아직 어려서 놀랄 텐데요."

"그 사이에 아기 새가 잘못되면 어떡해요?"

보미가 발을 동동거리며 울상이 되었다.

"사람이 개입한다고 문제가 다 해결되지는 않아요. 자연의 순리에 따라야 할 때도 있거든요. 그런데 나도 걱정이 되네요."

이 박사는 몇 군데에 전화해 새에게 이상이 생겼다는 것을 알리고 허락을 구했다.

"새를 구할 때도 허락을 받아야 해요?"

"그럼요. 저어새는 천연기념물이면서 멸종 위기종이기 때문에 누구든 함부로 접근하면 안 되거든요."

이 박사는 할아버지에게 배를 똥섬 가까이 대 달라고 부탁했다. 그러고는 카메라와 구급약품을 가방에 챙겨서 똥섬에 올라섰다. 앉아서 쉬고 있던 새들이 배가 섬에 닿자마자 날아갔고, 케이도 마지막까지 둥지를 지키고 있다가 결국 날아올랐다.

보미는 케이를 눈으로 좇았다. 케이는 멀리 가지 않고 똥섬 주위를 빙글빙글 돌았다. 케이가 불안해하는 것이 느껴졌다.

'이 박사님이 빨리 돌아왔으면 좋겠다.'

하지만 보미 바람과는 다르게 이 박사는 바로 돌아오지 않았다. 이 박사가 저어새 둥지에서 쪼그리고 앉아 한참 동안 무언가를 했다. 보미는 쌍안경을 통해 둥지와 케이를 번갈아 바라보면서 아무 일 없기만 바랐다.

드디어 이 박사가 물건을 챙겨 들고 다시 배로 돌아왔다. 이 박사 한쪽 손에는 장바구니가, 다른 한쪽 손에는 비닐 끈이 들려 있었다.

"아기 새는 괜찮아요?"

"비닐 끈은 뭐예요?"

아이들의 질문이 쏟아졌다.

"저어새들이 비닐 끈을 둥지 재료로 썼던 것 같아요. 선장님! 선착장으로 바로 출발하실 수 있지요?"

장균이 할아버지가 닻을 올리고 배를 움직이기 시작했다. 이 박사 품에 있던 장바구니가 불쑥불쑥 움직였다.

"이 박사님, 그 안에 혹시……. 우리도 아기 새 보고 싶어요!"

아이들이 이구동성으로 소리쳤다.

"쉿! 그럼 우리 조용히 하고 봅시다."

이 박사의 말에 아이들이 목소리를 낮추자, 이 박사가 장바구니를 열어 새끼 새를 보여 주었다. 얼굴이 양말로 가려져 있었다.

"새한테 왜 양말을 씌운 거예요?"

현우가 얼굴을 일그러뜨리며 코를 쥐었다.

"놀랄까 봐 눈을 가린 거예요."

이 박사가 양말을 천천히 벗겨 내자 새끼 저어새가 삑삑거리며 소리를 냈다.

"너무 귀여워요."

장균이가 새끼 부리에 손을 댔고 순식간에 아이들이 덩달아 새를 만졌다.

"따뜻하다."

"살살 조심해요. 새 놀라지 않게."

이 박사가 아이들을 자제시키느라 진땀을 뺐다.

"부리가 단단할 줄 알았는데 부드럽고 따뜻요."

"삐이 삐이."

"소리도 너무 예뻐요. 데려다 키우고 싶다."

아이들이 새끼 새한테 홀딱 반해 눈을 떼지 못했다.

"근데 새 발이 왜 그래요?"

보미가 새의 발가락 사이에 진물이 흐르고 있는 것을 보며 물었다.

"비닐 끈이 새끼 발을 옥죄고 있는 바람에 한쪽 발이 썩어 들어가고 있어요. 치료가 필요해서 데리고 나왔어요."

"텔레비전에서 본 적 있어요. 거북이하고 고래도 쓰레기 먹고 죽은 거."

현우가 얘기했다.

"새우를 잡으면 쓰레기가 반이야. 세상이 어떻게 되려고 하는지. 쯧쯧."

할아버지도 한마디 했다.

"우리 저어새를 위해서 바닷가에서 쓰레기 줍기라도 해야 하는 거 아니야?"

보미는 사람들이 버린 쓰레기 때문에 새끼 새가 고통받고 있는 것을 보니 마음이 좋지 않았다.

"줍는다고 풀릴 문제가 아닌 것 같다. 쓰레기가 나오는 물건을 만들지 말아야지. 끙."

쓰레기 얘기가 나오자 할아버지 심기가 많이 불편해 보였다.

배가 선착장에 다다르자, 야생 동물 구조 센터 차가 기다리고 있었다. 아이들은 선착장에서 이 박사가 새끼 새를 안전하게 구조 센터 사람들에게 데려다주는 것을 보고서야 헤어졌다.

봄 계절 학기가 끝났다. 담임 선생님은 계절 학기 동안 했던 체험 활동을 사진으로 엮어서 음악과 함께 보여 주었다. 보미는 사진 속 자신을 볼 때마다 낯설고 쑥스러웠다.

"자, 계절 학기 동안 어떤 변화가 있었는지 여러분이 준비해 온 내용을 발표해 볼까요?"

첫날과 달리 아이들은 서로 먼저 발표하겠다고 손을 들었다. 선생님은 은화부터 발표를 시켰다. 은화는 강마을 사진에 디즈니랜드 사진을 겹쳐 편집해서 보여 주었다.

"우리 강마을의 미래야. 멋지지?"

산과 바다가 어우러진 곳에 자리한 상상 속의 놀이공원이 정말 멋져 보였다. 아이들은 그림만 봐도 즐거운 듯 큰 박수를 보냈다.

현우는 자신이 만든 동영상을 보여 줬다. 동영상에는 며칠 전 바닷가에 나가서 반 아이들과 함께 쓰레기를 주웠던 내용이 담겨 있었다. 쓰레기를 주울 때는 버린 사람들을 탓하며 기분이 좋지 않았는데, 마무리할 때는 다들 홀가분하고 보람되었다고 했다. 동영상 중간중간 저어새 캐릭터도 그려 넣고, 말풍선을 넣어 재미나게 편집한 현우의 감각에 아이들이 새삼 감탄했다.

"사실 나는 아토피가 있어서 이 학교에 오게 됐어. 전에는 가려움을 참지 못해 가만히 앉아서 수업하기도 힘들었거든. 근데 여기서는 재미나게 놀다 보니 긁는 것도 잊어버렸어. 나는 앞으로 동영상 편집자가 될 거야. 내가 만든 동영상을 보면 '좋아요' 꾹 눌러 줘."

현우는 처음처럼 말이 많았다. 하지만 이번에는 아이들이 박수로 답해 주었다.

"이번 계절 학기는 정말 잊지 못할 거 같아. 새 친구들을 만나기도 했지만 새 친구도 만났으니까."

장균이가 말하자 아이들은 무슨 말인지 어리둥절했다.

"두 번째 새는 버드(bird)를 얘기하는 거야. 진짜 새. 하하."

그러자 아이들이 "우우" 하면서 야유인지 칭찬인지 모를 반응을 보였다.

"내 꿈은 어부에서 새 보는 어부로 바뀌었어. 용돈을 모아서 이것도 샀다! 히히."

장균이가 쌍안경을 들어 아이들에게 자랑했다. 아이들이 이번에는 "와" 하면서 부러운 눈으로 장균이를 보았다.

다음은 보미 차례였다.

"처음 전학 왔을 때는 학교에 오기 싫었어. 친구가 없었거든. 그런데 계절 학기를 지내면서 달라진 것 같아. 저어새 케이 덕분에 친구도 만나고 용기를 얻게 되었어. 너희들에게도 저어새 케이를 소개하고 싶어."

보미는 장우주 박사의 케이94 영상을 아이들에게 보여 주었다. 똥섬 아래로 굴러떨어졌다가 다시 혼자 힘으로 둥지를 찾아가는 어린 케이의 여정이 담긴 영상이었다.

"여기 나오는 용감한 아기 새는 바로 저어새 케이94야."

"케이94가 뭐야?"

보미의 설명에 은화가 물었다.

"케이94는 우리 마을 똥섬에서 태어나서 우리랑 똑같이 12년을 산 저어새야. 따뜻한 나라에서 겨울을 보내고 해마다 봄이면 강마을을 찾아와. 그런데 똥섬이 사라지면 케이94처럼 먼 여행을 하고 온 새들이 먹고 쉴 곳이 없어져. 알을 낳고 새끼를 키우지도 못해서 어쩌면 저어새를 지구에서 영영 보지 못할지도 몰라. 누구나 북극곰이 사라지는 것은 걱정하면서 우리 곁의 멋진 새들이 사라지는 것은 왜 걱정을 하지 않을까 생각하다가 이 영상을 너희들과 함께 보고 싶었어."

보미는 미리 종이에 적어 간 내용을 또박또박 읽어 내려갔다. 가슴은 두근거리고 목소리는 떨리고 머릿속이 하얘졌지만, 글씨를 읽을 수 있어서 다행이었다.

"나도 케이94 보고 싶다. 어디 가면 볼 수 있어?"

쉬는 시간에 아이들이 하나둘 모여들어 보미에게 물었다.

"우리 같이 저어새 보러 갈까?"

"좋아, 좋아!"

보미는 저어새에게 관심을 보이는 친구들이 고마웠다.

17
재회

　도도는 둥지의 새끼들을 보살피면서 지나가는 낚싯배를 유심히 살폈다. 첫째를 데려간 배를 기다리는 것이다. 벌써 나흘이 지났다.
　"첫째 없는 사이 요 녀석들이 아주 호강하네. 며칠 사이 아주 토실토실해졌어."
　먹이 활동을 마치고 온 진진이 애써 밝은 표정으로 말하는 까닭을 도도는 안다.
　"나 없는 사이 별일 없었지?"
　진진도 첫째를 무척 기다리고 있다. 하지만 말을 아꼈다.

"도도, 어서 먹고 와."

사실 도도는 식욕이 없었지만 둘째, 셋째를 위해 먹이 활동에 나서야 했다.

새끼들이 무럭무럭 자라 날개에 깃이 나오면 나는 연습도 해야 하고, 바다로 나가 먹이 잡는 연습도 해야 한다. 그렇게 힘을 길러서 남쪽 나라로 날아가야 한다. 새들에게 모든 시간은 허투루 할 수 없이 소중하다. 첫째가 되돌아올 것이라는 믿음을 버린 적은 없지만, 함께 시간을 보낼 수 없어 마음이 초조했다.

"아."

도도는 날아올라 끝도 없이 펼쳐진 바다를 보면서 작게 숨을 토해 냈다.

"피리리 피리리."

예쁜 소리가 들려왔다. 도요새 무리였다.

도요새들은 적도 아래 남쪽 나라에서부터 큰 무리를 지어 북극을 향해 이동한다. 그리고 봄가을 이동 중에 똥섬 주변을 중간 쉼터로 사용하고는 한다.

도요새 수백 마리가 바다 위를 미끄러지듯 날았다.

'쉬익쉬익.'

도요새가 잿빛 날개를 뒤로하고 흰 배를 보이자 마술처럼 허

공에서 사라졌다. 다시 몸을 뒤집자 모습이 드러났다. 혼자 보기 아까운 장면이었다. 도도는 이 아름다운 광경도 새끼 새들과 꼭 함께 보고 싶었다.

"내가 이러고 있으면 안 되지. 나는 엄마야. 힘을 내야 해!"

도도는 첫째 걱정을 잠시 접어 두고 먹이 사냥에 집중하기로 했다.

"도도!"

한참 먹이 활동을 하는데 누군가 불렀다.

"첫째가 방금 둥지로 돌아온 걸 봤어요."

도도가 연꽃마을로 데려다준 어린 저어새였다.

"고마워. 많이 먹고 와."

도도는 둥지를 향해 바로 날아올랐다.

똥섬 근처에 낚싯배가 떠 있는 것이 보였다. 아이들이 여럿 타고 있었다.

단발머리 보미가 도도를 알아보고 손을 흔들었다. 그러자 다른 아이들도 함께 손을 흔들었다. 여러 개의 하얀 손들이 별처럼 반짝였다.

도도는 고맙다는 인사를 대신해 배 주위를 한 바퀴 돌아 똥섬에 내려섰다. 둥지에는 첫째를 가운데 두고 진진과 둘째, 셋째가 모여 있었다.

"첫째야!"

"엄마, 아앙."

첫째는 도도를 보고 울먹였다.

"괜찮아, 괜찮아. 이제 돌아왔으니 됐어. 무서웠지?"

"처음에는 무서웠는데, 봐 봐요. 발에 묶인 끈도 풀리고 상처도 나아지고 있어요."

진물이 흐르던 발가락에는 딱지가 앉았고, 다리에는 R33이라고 적힌 빨간색 가락지가 달려 있었다.

"엄마, 나한테도 이런 게 생겼어요."

첫째가 시무룩한 표정으로 말했다.

"불편하지? 엄마도 처음에는 떼어 보려고 애썼는데, 지금은

몸의 일부가 되었어. 불편한 느낌은 시간이 해결해 줄 거야. 가락지는 네가 사람들에게 특별한 존재가 되었다는 표시니까 걱정하지 않아도 돼."

"엄마랑 나랑 닮은 게 또 하나 생긴 거네요?"

"그래그래. 우리 첫째, 그동안 밥은 잘 먹었니?"

"잘 먹기는 했지만, 엄마가 주는 밥을 빨리 먹고 싶었어요. 얼른 주세요."

첫째는 도도 부리를 톡톡 두드렸다.

도도는 특별한 경험을 하고 온 첫째를 위해 먹이를 듬뿍 내주었다. 도도는 가족이 다 모인 이 순간이 무척 감사했다.

그때 도요새 무리가 피리 소리를 내면서 똥섬을 사이에 두고 좌우로 날았다. 태어나서 처음 보는 새들의 멋진 군무에 새끼들 눈이 휘둥그레졌다.

"우아, 멋지다."

"엄마, 엄마, 우리는 언제 날 수 있어요?"

"우리도 나는 연습을 해 볼까?"

새끼들이 둥지에서 다리를 펴고 일어나 작은 날개를 아래위로 휘적휘적 흔들며 나는 흉내를 냈다. 금방이라도 날아오를 것만 같았다.

작가의 말

안녕하세요.

여러분은 저어새를 직접 본 적이 있나요?

저어새라는 이름을 들어 본 적은 있나요?

저는 2009년 인천의 남동유수지에서 저어새를 처음 보았습니다. 백로처럼 하얀 깃털과 기다랗고 검은 부리가 어찌나 신기해 보이던지요. 그때부터 지금까지 이렇게 오래 저어새를 만나게 될 줄은 꿈에도 몰랐습니다. 아마 전 세계에 얼마 남지 않은 새라 마음이 쓰여 자주 보러 다녔던 것 같아요.

'멸종 위기에 처한 저어새를 위해 무엇을 할 수 있을까?' 함께 활동하는 분들과 고민했던 시간도 많아요. 저는 저어새 이야기를 만들어 더 많은 사람들에게 알려 함께 지켜 나가고 싶었어요. 그렇지만 이야기를 만드는 것이 쉽지 않았고, 시간도 오래 걸렸어요. 힘들어 포기하고 싶기도 했지요. 하지만 저어새를 생각하면 그럴 수 없었어요. 결국 저어새 이야기가 세상에 나오게 되었는데요. 열심히 살아 준 저어새와 저어새를 보전하기 위해 애쓰시는 단체 활동가들, 연구자들 그리고 시민들의 관심과 사랑이 있었기에 가능했습니다.

동화 속 내용들은 대부분 제가 경험한 것들이에요. K94 가락지를 단 저어새도 실제 있는 저어새예요. 아기 새였을 때 바위 아래로 떨어졌다가 스스로 둥지를 찾아 올라온 대단한 새입니다. 그래서 '구사일생'이라는 별명까지 얻었어요. K94는 원래는 수컷 저어새인데 동화 속에서는 엄마 저어새로 등장해요. 보미의 아픈 엄마를 대신해서 K94가 보미의 힘이 되어 주길 바랐습니다. K94의 여정은 제가 듣거나 보았던 여러 저어새들의 이야기와 경험의 조각들을 엮어 창작되었어요.

여러분이 살고 있는 지역의 환경은 어떤가요?

혹시 주변의 산은 건물을 짓느라 허물어져 가고 있지는 않은가요? 강에는 새들이 많이 찾아오나요? 바다는 오염되지 않았는지요?

우리나라의 자연환경은 개발과 보전으로 대립하는 곳이 많아요. 동화 속에서처럼 돈을 생각하고 갯벌을 개발하고 싶어 하는 이장 아저씨 같은 분들도 있고요. 조상 대대로 바다에서 하던 일을 이어 가고 싶어

하는 장균이 할아버지 같은 분도 있고요. 새를 사랑하는 이 박사 같은 분들도 계시지요. 좋은 환경은 오늘날 어린이도 그리고 미래의 어린이도 누릴 수 있어야 하는데, 어른들은 어린이들의 의견을 묻지 않고 어른들 마음대로 결정을 내리는 경우가 많아요. 멸종 위기에 처한 저어새와 점점 망가져 가는 환경 속에서 살아야 할 어린이들이 같은 처지라는 생각이 들어요. 그래서 저어새를 지킨다는 것은 저어새가 살 수 있는 환경을 지킨다는 것이고, 결국 우리 어린이들을 지키는 일과 같다고 생각해요.

제가 처음 저어새를 보았던 2009년에는 전 세계에 저어새가 2000여 마리밖에 없었어요. 15년이 지난 2024년에는 저어새가 7000마리 가까이 발견되었어요. 정말 놀랍죠? 지구 환경은 점점 나빠지고 있는데 저어새 숫자는 어떻게 늘어났을까요? 바로 저어새를 보호하기 위해 많은 노력을 해 온 분들이 계시기 때문이에요. 이런 놀라운 결과를 보고 자신감이 생겼어요. '사람들은 지키는 것도 잘할 수 있구나!' 하고요.

저는 환경 교육 활동가로 일을 하고 있는데요. 어린이들은 북극곰이라든지 펭귄, 거북이, 저어새 같은 동물들 이야기를 해 주면 관심을 두고 흥미를 느껴요. 길고양이나 강아지도 무척 예뻐하고 쉽게 친구가 되죠. 이런 마음이 바로 환경 문제로 몸살을 앓고 있는 지구를 구한다고 생각해요. 지구의 모든 생물들은 보이지 않는 끈으로 연결되어 있어서 우리가 지구에서 멸종되어 가는 약한 생물을 지킨다면 결국 그것이 우리를 지키는 일로 이어진다고 생각해요.

자, 이제 어린이 여러분이 할 일이 생겼어요. 여러분을 응원하고 편들어 주는 어른들의 손을 잡고 새를 보러 가요. 저어새 케이도 찾아보고, 다른 생물들도 찾아보세요. 그들이 사는 환경도 살펴보아요. 그리고 당당히 외치세요.

'나와 지구를 위해 좋은 환경을 함께 보전하자!'고요.
'우리도 할 수 있다!'고요.
저도 여러분을 힘껏 응원하겠습니다.
저의 첫 책을 읽어 주신 여러분께 진심으로 감사의 마음을 전합니다.

2025년 봄, 저어새를 기다리며

강화에서 풀피리